Das große Buch der Schärfe

Susann Kreihe

65 scharfe Rezepte von mild-pikant bis feurig

Das große Buch der SCHÄRFE

Warenkunde · Aromapairing · Küchenpraxis

CHRISTIAN

VORWORT

Scharf ist nicht gleich scharf, das haben Sie vielleicht auch schon am eigenen Leib erfahren (müssen). Ob im thailändischen Restaurant oder bei der Zubereitung einer Chilisauce aus selbst gezogenen Chilis. Das Empfinden, das scharfe Zutaten wie Chili, Ingwer, Pfeffer oder Meerrettich in unserem Körper auslösen, könnte individuell unterschiedlicher nicht sein. Je nach eigener Gewöhnung, der persönlichen Empfindung, der Art der Zubereitung oder auch der Kombination aus verschiedenen Zutaten macht sich am Ende die Intensität der wahrgenommenen Schärfe ganz verschieden aus.

In diesem Buch zeige ich Ihnen, wie Sie Schärfe gekonnt einsetzen, damit aus dem Essen keine Challenge, sondern ein Genuss wird. Welche Scharfmacher gibt es, wie kombiniert man sie am besten, welche Aromen harmonieren miteinander? Sie werden auf altbekannte und ganz neue kreative Zusammenstellungen stoßen. Jede scharfe Zutat stelle ich Ihnen in einem Portrait vor. Die besten Zubereitungs-, Aufbewahrungs- oder Konservierungsmöglichkeiten und eine Vielzahl an Rezepten vervollständigt das.

Das Schönste beim Kochen und Würzen mit Chili, Ingwer, Pfeffer und Co.? Während der Zubereitung können Sie spielerisch und ganz individuell mit den scharfen Zutaten experimentieren. Ganz unterschiedlich kommt die Schärfe in Chili, Ingwer, Pfeffer und Meerrettich daher und kann ebenso unterschiedlich eingesetzt werden. Mit dem Wissen, welche und wieviel Schärfe wozu passt, sind Sie bestens vorbereitet für das Kochen mit dem gewissen Kick.

INHALT

GRUNDLAGEN

SCHÄRFE – GEWÜRZ ODER GEFÜHL?

Obwohl man bei Chili, Pfeffer, Ingwer und Meerrettich sofort an ein Gewürz bzw. eine Würzzutat denkt, ist Schärfe ein sensorisches Empfinden. Es wird nach dem Verzehr der jeweiligen Zutat im Körper als scharf, brennend oder auch pikant wahrgenommen.

Dieses brennende Gefühl wird durch Capsaicinoide hervorgerufen, dabei handelt es sich um bioaktive Verbindungen. In Paprika und Chili ist es Capsaicin. Es reizt die Nozizeptoren, das sind Nervenendigungen im Mund. Sie geben Warnsignale ab, so entsteht das brennende Gefühl, wenn man etwas Scharfes gegessen hat. Die Schärfe wird unterschiedlich wahrgenommen, je nachdem, worin die scharfen Zutaten verarbeitet sind. Da das Capsaicin fettlöslich (lipophil) ist, wird es in Öl aufgenommen als nicht so scharf wahrgenommen. Wohingegen wir gehackte Chili in Wasser als sehr viel schärfer empfinden können. Es gibt jedoch auch einige verwandte Capsaicinoide, die wasserlöslich sind. Was das Capsaicin in Chili ist, heißt bei Pfeffer Piperin und bei Ingwer Gingerol. Die Schärfe der Meerrettichwurzel kommt von den enthaltenen Senfölen.

Erhält unser Gehirn also das Signal »scharf«, nehmen wir dies als brennendes Gefühl wahr. Die darauffolgenden Reaktionen unseres Körpers können eine erhöhte Schweißproduktion, erweiterte Blutgefäße und ein erhöhter Stoffwechsel sein. Das Schwitzen ist der Versuch, den Körper wieder abzukühlen. Das Wärmegefühl stellt sich durch die angestiegene Durchblutung ein und auch der angeregte Stoffwechsel kann die körpereigene Temperatur erhöhen. Eine weitere Reaktion ist die verstärkte Freisetzung von Endorphinen, wodurch eine Art Euphorie oder auch Linderung erzeugt werden kann. Scharfen Zutaten wird auch eine verdauungsfördernde Wirkung nachgesagt. Durch eine erhöhte Produktion von Verdauungssäften sollen Nährstoffe besser aufgenommen werden und sich Blähungen reduzieren.

Je nachdem, wie oft und in welchem Maße man scharfe Lebensmittel konsumiert und dadurch eine Gewöhnung eingetreten ist, nimmt jeder Einzelne von uns Schärfe ganz unterschiedlich wahr. Die körpereigenen Reaktionen auf scharfe Zutaten sind sehr individuell.

Neben den durchaus positiven Wirkungen von Schärfe in unserem Körper können die Auswirkungen auch als unangenehm empfunden werden. Je nach Empfindlichkeit kann zu viel Schärfe Schmerzen bereiten, zu Sodbrennen führen, die Magenschleimhaut reizen oder zu Beschwerden in der Verdauung führen. Sogar allergische Reaktionen sind möglich.

Daher sollten Sie scharfe Zutaten behutsam dosieren, nach und nach zugeben und auf die Bedürfnisse aller achten, die sich am Essen beteiligen. Leichter wird es, wenn zu Tisch individuell nachgeschärft werden kann. Da jeder Körper anders auf Schärfe reagiert, ist es wichtig, die eigenen Signale des Körpers wahrzunehmen. Vor allem Kinder reagieren besonders auf Schärfe, auch auf sehr geringe Mengen.

EINE MASSEINHEIT FÜR SCHÄRFE

Mit Scoville hat sich eine eigene Schärfeeinheit für den in Lebensmitteln enthaltenen Stoff Capsaicin entwickelt. So kann die Schärfe von Chili und anderen scharfen Lebensmitteln auf einer Skala abgelesen werden. Den Namen erhielt die Maßeinheit von Wilbur Scoville, einem amerikanischen Pharmakologen. Er testete die Schärfe durch Verdünnung an Probanden so lange, bis keine Schärfe mehr wahrgenommen werden konnte. Die resultierende Verdünnung wurde als Scoville-Einheit (SHU – Scoville Heat Units) angegeben.

Es gibt auch eine moderne Methode, die sogenannte High-Performance-Liquid-Chromatographie (HPLC). Dabei wird der Capsaicin-Gehalt eines Lebensmittels gemessen und anschließend in Scoville-Einheiten umgerechnet.

Ist ein Lebensmittel mild oder ohne Schärfe, liegt der Scoville-Wert bei 0. Je schärfer das Lebensmittel, umso höher der Wert auf der Skala. Die Skala reicht bis zu 2 Millionen Scoville. Wie bereits erwähnt, ist Schärfe ein subjektives Empfinden, sodass die Maßeinheit nur zur Orientierung dienen kann und nicht 1:1 auf alle Menschen übertragen werden kann. Einige Beispiele von Scoville-Zahlen verschiedener scharfer Lebensmittel zeigt die kurze Übersicht.

VON WENIG BIS SEHR SCHARF

0-100	Scoville-Einheiten:	Paprika, Paprikapulver (extra, dulce)
100-500	Scoville-Einheiten:	Poblano-Pfeffer, milde grüne Chilis
500-1.000	Scoville-Einheiten:	Jalapeño-Pfeffer, Tabasco-Sauce (mild)
1.000-2.500	Scoville-Einheiten:	Serrano-Pfeffer, Tabasco-Sauce (medium)
2.500-5.000	Scoville-Einheiten:	Cayennepfeffer, ungarische mild-pikante Paprika
5.000-10.000	Scoville-Einheiten:	Thai-Chilis, Cholula-Sauce
10.000-30.000	Scoville-Einheiten:	Tabasco-Pfeffer, Tabasco-Sauce (hot)
30.000-50.000	Scoville-Einheiten:	Scotch Bonnet Chili, Habanero-Pfeffer
100.000-350.000	Scoville-Einheiten:	Ghost Pepper (Bhut Jolokia), Madras-Curry
1.000.000-2.200.000	Scoville-Einheiten:	Carolina Reaper, Trinidad Moruga Scorpion
Über 2.200.000	Scoville-Einheiten:	Pepper X, Dragon's Breath Chili

SCHÄRFE GEZIELT EINSETZEN UND KOMBINIEREN

Durch Geschmacksverstärkung
Scharfe Zutaten haben die Fähigkeit, den Geschmack von Lebensmitteln zu verstärken und den Aromen Tiefe und Komplexität zu verleihen. Sie können den Geschmackssinn stimulieren und das Essen lebendiger und interessanter machen. Eine Prise gemahlener schwarzer Pfeffer oder Cayennepfeffer hebt den Geschmack eines jeden Essens, wenn man das Gefühl hat, »es fehlt etwas«. In Kombination mit Salz, Säure und Süße ergibt sich ein runder und vollmundiger Geschmack. Frischer Ingwer verliert zwar beim Garen den Großteil seiner Schärfe, ergibt aber mit weiteren Zutaten, etwa Säure der Limette, Würze von Knoblauch und Süße von Ahornsirup, ein harmonisches Geschmacksbild. Pfeffer ist bei uns ein All-Time-Favourite, da seine Schärfe leicht zu dosieren ist, nicht zu intensiv oder vordergründig. Seine zusätzlichen Aromen bringen blumige, fruchtige, erdige oder leicht bittere Noten in ein Essen. Pfeffer sollte immer frisch gemörsert oder gemahlen werden, damit sich die Aromen voll entfalten können.

Reize schaffen
Schärfe sollte möglichst nicht im gesamten Gericht vorkommen, denn das kann schnell zu viel sein. Interessant wird eine Zubereitung, wenn sie nur partiell Schärfe enthält. Etwa eine Sauce oder ein Dip mit pikanter Schärfe zu Fisch oder Fleisch. Oder umgekehrt, ist zum Beispiel ein ganzer Braten mit scharfen Zutaten zubereitet, bietet sich eine harmonisch gewürzte Sauce, vielleicht mit einem fettreichen Milchprodukt, an. Auch eine Cremesauce, die der Schärfe Abmilderung schaffen kann, ist eine ideale Kombination. Ein Klassiker ist Curry – ein scharf-würziger Eintopf mit zahlreichen Zutaten. Viele Rezepte werden mit Kokosmilch zubereitet, die dazu dient, die Schärfe abzumildern. Je nachdem, welche Schärfegrade die Gäste zu Tisch vertragen (was erfahrungsgemäß sehr unterschiedlich ist), lassen sich auch gehackte frische Chili, frisch geriebener Ingwer, gemörserter Pfeffer separat dazu reichen, um den Schärfegrad individuell anzupassen.

Überraschende Geschmackserlebnisse
Vor allem unter den Dessert-Rezepten finden Sie Kombinationen, die nicht alltäglich sind. Süße und Schärfe harmonieren gut miteinander, gerade weil sie einen sehr starken Kontrast bilden und der Gaumen an diese Verbindung nicht gewöhnt ist. Bei Süßspeisen wird Schärfe meist sehr reduziert und punktuell eingesetzt. Chili zu dunkler Schokolade mit hohem Kakaoanteil, zu Kaffeenoten, Vanille, Zimt, also eher erdigen, warmen Gewürzen.

Ingwer kann zu weißer Schokolade, zu Gebackenem und cremigen Desserts kombiniert werden. Sahne, Butter und Milch sind mit dem enthaltenen Fett in der Lage, die Schärfe in die Zubereitung gut einzubinden. Durch das Fett nimmt unser Gaumen die Schärfe milder wahr. Hochwertige Pfeffersorten besitzen nicht nur die arteigene Schärfe, sondern zahlreiche Aromaverbindungen, von blumig, zitrusartig, bis hin zu herb, erdig oder leicht bitter.

Aber auch bei herzhaften Gerichten sind scharfe Kontraste mit Süße und Säure willkommen. Bekannte Zubereitungen sind etwa Sweet-Chili-Sauce oder Süß-Sauer-Sauce aus dem Asia-Regal im Supermarkt. Es lohnt sich, dabei auf die Zutatenliste zu schauen, denn oft sind zahlreiche (nicht notwendige) Zusatzstoffe enthalten.

Meerrettich wird traditionell mit Zitrone kombiniert, die Säure balanciert den scharfen, leicht bitteren Meerrettichgeschmack gut aus. Außer Zitrone sind alle anderen Zitrusfrüchte sowie Passionsfrucht, Ananas oder Mango für die Meerrettichschärfe tolle Partner, da sowohl Fruchtsäure als auch -süße im Spiel sind. Frisch gerieben kann man mit Meerrettich sehr gut Akzente setzen, da er dann besonders würzig und scharf ist. Ansonsten kombiniert man Meerrettich mit Milchprodukten verschiedener Fettstufen, von Joghurt bis Crème fraîche oder Sahne.

TIPP

Gegen zu viel Schärfe und ein brennendes Gefühl im Mund hilft ein Schluck Milch, ein Stück Brot oder ein Teelöffel Öl. Das enthaltene Fett in der Milch und das Öl neutralisieren die Schärfe zuverlässig. Auch ein Stück Brot hat diese Wirkung. Es reibt auf der Schleimhaut.

PORTRAIT INGWER

Ingwer ist eine blühende Pflanze, die sich durch ein Rhizom unter der Erde verbreitet. Sie bildet überirdisch schildartige Stängel mit Blüten. Die Wurzeln sind der in der Küche verwendete Teil. Das enthaltene Gingerol sowie viele weitere Inhaltsstoffe sind für den typischen Geruch und Geschmack zuständig. Ingwer gilt als verdauungs- und immunstärkend.

Jung geernteter Ingwer, bei dem die Vegetationsphase etwa 8 Monate beträgt, kommt als frische Wurzel in den Handel. Dann ist die Schale noch dünn, zum Teil kann man Ingwer mit den Trieben bekommen und er schmeckt zitrusfrisch. In Bio-Qualität kann die zarte Schale mit verarbeitet werden, dann einfach gründlich waschen. Nach weiteren 8–10 Monaten werden die Wurzeln der Ingwerpflanze erneut geerntet, anschließend getrocknet und kommen gemahlen als Gewürz in den Handel.

Ingwer hat einen warmen, würzigen und leicht süßlichen Geschmack, seine Schärfe ist intensiv, allerdings relativ kurz, und wirkt frisch. In der Küche verwendet man vorzugsweise die frische Wurzel, in Stücken, Scheiben, geraspelt oder fein gerieben. Sie kommt häufig in Suppen, Eintöpfen und Currys zum Einsatz, wird aber auch für Marinaden, Dips und Saucen oder als Shot verarbeitet. Frisch und roh ist er am schärfsten, je länger er in warmen oder heißen Zutaten kocht, umso milder wird Ingwer.
Um Saft aus Ingwer zu gewinnen eignet sich eine Saftzentrifuge. Diese Essenz aus der Ingwerwurzel gibt man in sehr kleinen Mengen am besten frisch zu, da sie sehr scharf ist. Sie passt sehr gut in Smoothies, Cocktails, Dips und kalte Saucen. Wer keine Saftpresse besitzt, kann den Ingwer über eine feine Reibe raspeln, die entstandene Paste durch ein feines Sieb ablaufen lassen und den gewonnenen Saft verwenden. Ingwer lässt sich auch zum Aromatisieren von Essig oder Öl verwenden. Dafür die frische Wurzel schälen, klein schneiden und in Essig (Beschreibung siehe Seite 40) oder in Öl legen, einige Tage ziehen lassen, dann abseihen.

Getrocknet ist die Wurzel als Pulver erhältlich, in dieser Form auch wesentlich schärfer, leicht bitter und enthält weniger zitrusartige Verbindungen. Nach dem Trocknen entstehen neue Aromaverbindungen, die sich am besten entfalten, wenn man Ingwerpulver in kalte Zubereitungen gibt und nicht erneut erhitzt.

Ingwer wird zum Backen eingesetzt. Unter anderem in Bananenbrot, Cupcakes, Waffeln, Rührkuchen. Aber auch Buttercremes, Mousses oder Glasuren werden mit Ingwer verfeinert. Typische Weihnachtszubereitungen mit Ingwer sind etwa Gingerbread, Kürbiskuchen, Punsch.

Neben all den mehr oder weniger aufwendigen Rezepturen ist Ingwertee eine der bekanntesten und einfachsten Zubereitungen. Dafür einfach getrocknete oder frische Ingwerwurzel mit kochendem Wasser aufbrühen oder auskochen. Vor dem Trinken abseihen und genießen. Je länger der Tee zieht, umso schärfer wird er.

SELBST GEMACHTER INGWERSHOT

1 kleines Stück Ingwer (ca. 30 g) schälen, in Scheiben schneiden und mit dem Fruchtfleisch 1 Orange und 1 Zitrone sowie 1 EL Honig im Mixer fein pürieren. Nach Belieben mit 1 Prise Pfeffer und Cayennepfeffer würzen und jeden Morgen 1 Schnapsglas voll trinken.

PORTRAIT CHILI

Chilischoten sind nicht nur bei uns eine beliebte Zutat, sondern kommen in vielen Küchen weltweit zum Einsatz. Sie verleihen Gerichten wie Chili con Carne, Salsas, scharfen Saucen und würzigen Marinaden eine würzige und scharfe Note. Sie gehören zur Familie der Paprika-Gewächse und können in verschiedenen Formen, Größen, Farben und Schärfegraden vorkommen. Chilis können grün geerntet werden, beim Nachreifen werden sie zunächst gelb und orange, zuletzt rot. Eine lilafarbene Sorte ist zum Beispiel die »Ecuador Purple«. Diese Sorten sind echte Augenweiden, denn die Früchte reifen von weiß, hellgelb über lila hin zu rot. Die Schärfe von Chilischoten kommt von einer Verbindung namens Capsaicin, die ein brennendes Gefühl vermittelt und Endorphine freisetzen kann. Chilischoten sind reich an Vitaminen, Mineralien und Antioxidantien und werden mit verschiedenen gesundheitlichen Vorteilen in Verbindung gebracht, darunter die Ankurbelung des Stoffwechsels und die Verringerung von Entzündungen.

Das Capsaicin ist für das Schärfeempfinden verantwortlich, je mehr Capsaicin enthalten ist, umso schärfer sind die Schoten. Die Schärfe wird in Scoville-Einheiten gemessen (siehe Scoville-Tabelle Seite 16). Es gibt milde Chilis mit einer niedrigen Scoville-Einheitenzahl wie Poblano-Pfeffer oder Paprika, aber auch extrem scharfe Chilis mit Scoville-Werten im Millionenbereich wie Carolina Reaper oder Trinidad Scorpion.

Chilischoten verleihen Gerichten nicht nur Schärfe, sondern auch verschiedene weitere Aromen. Es gibt Chilis mit fruchtigen Noten wie Habanero, Chilis mit erdigen und rauchigen Nuancen wie Chipotle oder Pimentón und sogar Chilis mit frischen und grasigen Geschmacksrichtungen wie die grünen Thai-Chilis. Die Auswahl der passenden Chilisorte hängt daher oft von dem gewünschten Geschmacksprofil des Gerichts ab. Es ist allerdings nicht immer möglich, eine bestimmte Sorte zu bekommen. Ausweichen kann man dann auf Sorten mit ähnlichem Schärfegehalt oder einer Chilizubereitung aus der gesuchten Sorte. Sie sind als Chilipasten oder Saucen im Handel zu finden, werden allerdings oft mit Zucker, Essig, Salz, Öl und weiteren Zutaten eingemacht.

Das bei uns bekannte Wiener Saftgulasch oder die wärmende Gulaschsuppe bekommt ihre leichte Schärfe von rosenscharfem Paprikapulver. In der mexikanischen Küche erfreuen sich die chilischarfen Salsas, Tacos und Enchiladas großer Beliebtheit. In der thailändischen Küche sind sie ein grundlegender Bestandteil von Gerichten wie Pad Thai und Panang Curry. In der indischen Küche sind sie ein Element von Gewürzmischungen wie Garam Masala und werden für Gerichte wie Vindaloo und Rogan Josh verwendet. Nduja, die kalabrische Streichsalami, scharfe Suçuk aus der Türkei, ungarische Salami sind Beispiele für international bekannte Delikatessen, bei denen Schärfe zum Markenzeichen geworden sind.

getrocknete rote Chilischoten
frische Chili »Lila Luzi«
geräucherte Chiliflocken
grünes Paprikapulver
Habanero-Chilischote
frische grüne Chilischoten
Harissa-Gewürzmischung
rosenscharfes Paprikapulver
Jalapeño-Chipotle-Chilipulver
getrocknete Birds Eye Chili
frische rote Chilischoten
getrocknete Chili »Lila Luzi«
Peperoncino/ Chiliflocken mit Samen

Und es gäbe noch viele Gerichte mehr aufzuzählen. Chili ist international im Einsatz und führt durch die Kombination mit zahlreichen weiteren Gewürzen und Zutaten zu ganz unterschiedlichen Geschmackserlebnissen.

Chilischoten sind frisch, getrocknet, pulverisiert oder in Form von Pasten oder Saucen zu bekommen. Frische Chilis besitzen neben der bekannten Schärfe auch fruchtige, zitrusartige und süßliche Aromen. Getrocknet gehen diese Aromen dann verloren, dafür entwickeln sich erdige und süßliche und Röstaromen. Zudem ist die Schärfekonzentration nach dem Trocknen deutlich höher.

Verwenden Sie frische Chilis im Ganzen und nur leicht angeschnitten, geben sie weniger Schärfe ab. Oft werden sie gehackt, in Scheiben geschnitten oder zu Pasten verarbeitet verwendet. In zerkleinerter Form tritt die Schärfe sehr viel deutlicher hervor, sie sitzt vor allem in den weißen Häuten im Inneren und in den Samen. Getrocknete Chilis werden häufig für Gewürzmischungen oder als Zutat für Saucen verwendet. Chilipulver wird zum Würzen von Gerichten verwendet und Chilipasten oder -saucen können als Dip oder als Basis für Saucen und Currys dienen. Chiliflocken sind von sehr unterschiedlicher Schärfe, je nach Sorte und Verarbeitung.

Die Schärfe in Chilischoten ist sehr unterschiedlich und kann nicht nur durch die verwendete Menge angepasst werden. Sie lässt sich auch mildern, indem die Samen und die weißen Innenmembranen entfernt werden, da sich dort ein Großteil der Capsaicin-Konzentration befindet. In Öl eingelegt entwickelt sich je nach Dauer eine intensive Schärfe. Der Vorteil ist allerdings, dass man das scharfe Öl sehr gut dosieren kann. Einige wenige Tropfen nach und nach zugegeben, so kommt man ganz leicht zum gewünschten Schärfegrad. Mildern lässt sich Schärfe zusätzlich durch Zugabe von fettreichen Zutaten wie Joghurt oder Kokosmilch, auch Zucker wirkt ausgleichend.

Paprikapulver

Paprikapulver wird aus den getrockneten Schoten der Sorte *Capsicum annuum* gewonnen. Die roten Paprikaschoten werden getrocknet und zu Pulver vermahlen. Ungarisches Paprikapulver ist hellrot, eher süßlich und in den Sorten »rosenscharf« oder »extra« (mild) zu bekommen. Aus Spanien aus der Extremadura ist das »Pimentón de la Vera« weltbekannt. Dort wird das dunkelrote und deutlich süßere Pimentón verarbeitet, das in den Sorten mild »dulce«, bittersüß »agridulce« und scharf »picante« im Handel erhältlich ist. Zudem ist sowohl das ungarische als auch das spanische Paprikapulver in einer geräucherten Variante zu finden. Paprikapulver am besten immer in etwas Öl erhitzen, so entwickeln sich Farbe und Aroma besonders gut. Allerdings eine mittlere Hitze wählen, immer rühren und dabei bleiben, da das feine Pulver schnell verbrennt und dann sehr bitter wird.

Tabasco

Tabasco ist eine weltweit bekannte scharfe Würzsauce, die in verschiedenen Schärfegraden zu finden ist. Wie das beschriebene Chiliöl ist auch Chilisauce sehr gut dosierbar, und man kann seine Zubereitungen damit sehr individuell nachschärfen, auch am Tisch.

MILDER
JALAPEÑO
McILHENNY CO.
AVERY ISLAND
LA.
TABASCO
BRAND
JALAPEÑO SAUCE
60 ml
HABANERO
McILHENNY CO.
AVERY ISLAND
LA.
TABASCO
BRAND
HABANERO SAUCE
60 ml
McILHENNY CO.
AVERY ISLAND
LA.
TABASCO
BRAND
PEPPER SAUCE
60 ml
SMOKED
McILHENNY CO.
AVERY ISLAND
LA.
TABASCO
Chipotle
PEPPER SAUCE
60 ml

Die **Jalapeño-Sauce** ist grün, mild-würzig und schmeckt frisch. Die Schärfe ist angenehm und lässt sich in Salatdressings, Dips und Saucen verarbeiten. Ideal auch zum Finish von Speisen, die noch einen individuellen Hauch Schärfe vertragen.

Red-Pepper-Sauce, die rote Chilisauce, ist intensiv scharf, leicht säuerlich und verfeinert mit einer zuverlässigen Schärfe Saucen, Fleischgerichte, Pizzen, Tacos oder Guacamole.

Chipotle-Sauce ist eine scharfe Chilisauce aus geräucherten Chilischoten, die mit einer ausgeprägten Schärfe und einer intensiven Würze punktet. Ideal für Fleischgerichte, aber auch für Fisch, deftige Salate, gefüllte Wraps oder Baked Potatoes. Der Vorteil der Raucharomen ist, dass sie neben der reinen Schärfe zahlreiche weitere Noten in ein Gericht bringen.

Tabasco-Habanero-Sauce enthält neben den namengebenden Habanero-Chilis unter anderem auch Mango, Banane und Tamarinde. Diese Zutaten verleihen ihr die fruchtige und scharfe Würze. Habanero zählen zu den eher schärferen Chilisorten, daher hat es diese Sauce in sich.

Tabascosaucen werden ausschließlich aus natürlichen Zutaten, meist nur Chili, Salz, Essig, hergestellt und 3 Jahre in Eichenfässern gelagert.

Harissa
Eine nordafrikanische Chilipaste, zubereitet mit Zitrone, Olivenöl, Knoblauch, Salz und Gewürzen wie Kreuzkümmel oder Koriander. Oft auch als trockene Gewürzmischung zu bekommen.

Sambal Oelek
Die indonesische Würzpaste aus frischen Chilischoten kann direkt als Sauce zum Dippen verwendet oder in zahlreichen Zubereitungen eingesetzt werden. Sie ist fruchtig, leicht süßlich und je nach Zutaten mild-scharf bis intensiv scharf.

Küchentipps zur Verarbeitung von Chilischoten
Das Capsaicin, welches für die Schärfe verantwortlich ist, kann Augen- und Hautreizungen verursachen, daher sollten Sie bitte immer vorsichtig sein, wenn Sie Chilischoten in der Küche verarbeiten.

Verwenden Sie zum Zerkleinern von Chilischoten immer ein separates Schneidbrett und Messer. So übertragen sich die scharfen Substanzen nicht auf andere Zubereitungen.

Einweghandschuhe schützen die Hände beim Schneiden der Chilischoten. Haben Sie keine Handschuhe zur Hand, waschen Sie im Anschluss gründlich die Hände, reiben Sie sie eventuell mit Öl ein. Vermeiden Sie im Anschluss an die Zubereitung von Chili, sich ins Gesicht zu fassen, insbesondere in Augen, Nase und Mund.

Ingwerschärfe ist nicht so intensiv und »nachhaltig«, wie die von Chilischoten. Hier reicht ein gründliches Abspülen der Arbeitsgeräte in der Regel völlig aus.

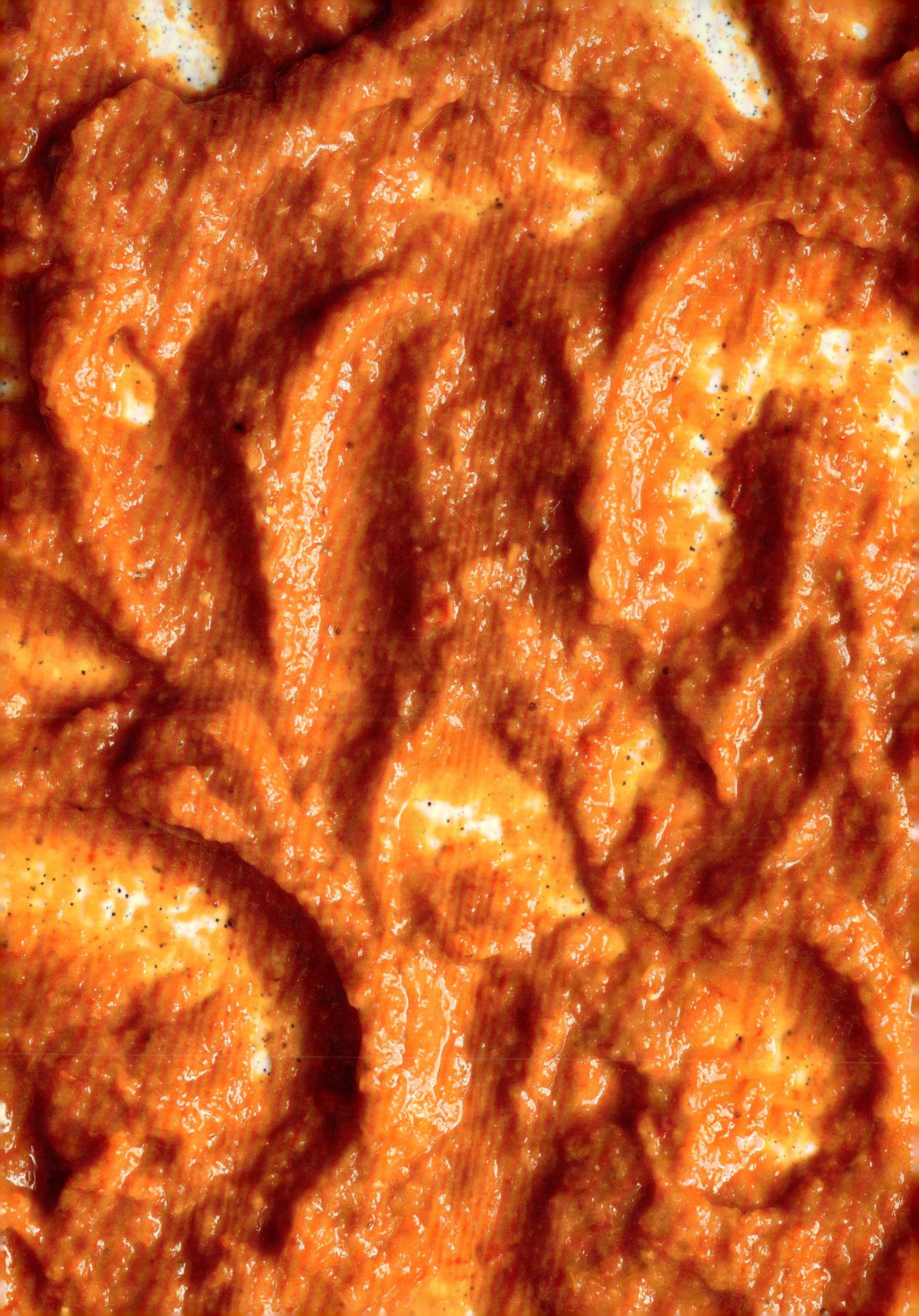

PORTRAIT PFEFFER

Pfeffer stammt von den getrockneten Beeren der Pflanze *Piper nigrum*. Er ist heute eines der am häufigsten verwendeten Gewürze in der Küche. Er stammt ursprünglich aus der Region Südindien und wird seit Jahrtausenden angebaut. Heute wird Pfeffer in vielen tropischen Regionen kultiviert, darunter Vietnam, Indonesien, Indien, Brasilien und Sri Lanka.

Die Beeren werden geerntet, bevor sie vollständig reif sind. Sie werden dann getrocknet und fermentiert, was ihnen ihre typische schwarzbraune Farbe und ihren scharfen Geschmack verleiht. Schwarzer Pfeffer ist vielseitig einsetzbar und passt zu vielen verschiedenen Gerichten. Weißer Pfeffer entsteht, indem die reifen Pfefferbeeren eingeweicht und die äußere Schale entfernt wird. Dadurch erhält der Pfeffer seine helle Farbe und einen etwas milderen Geschmack im Vergleich zu schwarzem Pfeffer. Weißer Pfeffer wird oft verwendet, wenn er in hellen oder sahnigen Saucen nicht erkennbar sein soll. Aber auch sein milderes Aroma kann ausschlaggebend für die Verwendung sein. Grüner Pfeffer wird aus unreifen Pfefferbeeren hergestellt und meistens in Salzlake konserviert. Sein milder, frischer Geschmack und die Würze des Einlegesuds machen ihn als Saucenzutat beliebt. Rosa Pfefferbeeren stammen nicht von der Pfefferpflanze ab, sie zählen zur Familie der Sumachgewächse, lateinisch *Schinus terebinthifolia*, sind mild würzig, leicht süßlich mit blumiger Note und sind deutlich weniger scharf als schwarzer Pfeffer. Sie werden häufig aus optischen Gründen eingesetzt, können aber auch geschmacklich ein Gericht unterstützen.

Pfefferkörner enthalten Piperin, eine Verbindung, die dem Pfeffer seinen charakteristischen Geschmack und einige potenzielle gesundheitliche Vorteile verleiht, wie etwa die Unterstützung der Verdauung und die Erhöhung der Nährstoffaufnahme.

Pfeffer ist eines der vielseitigsten Gewürze, wenn es um das Thema Schärfe geht. Er kann sowohl in herzhaften als auch in süßen Gerichten verwendet werden, darunter Suppen, Eintöpfe, Saucen, Marinaden und Desserts. Die Schärfe lässt sich gut dosieren und ist nicht so dominant wie Chilischärfe. Zudem sind die verschiedenen Pfeffersorten unterschiedlich aromatisch.

Pfeffer verleiht Gerichten eine angenehme Schärfe und einen markanten Geschmack. Je nach Pfeffersorte können zusätzlich Zitrusnoten, erdige, fruchtige oder bittere Töne vorhanden sein. Er kann in nahezu allen Zubereitungen für eine dezente Schärfe und zusätzliche Würze eingesetzt werden. Bereits gemahlener Pfeffer aus dem Handel sollte nicht in den Einkaufskorb wandern, da die Aromen schnell verfliegen und er leicht Küchendüfte annimmt. Frisch im Mörser zerstoßen oder in der Gewürzmühle gemahlen verbreitet er seine Aromen und die Schärfe am besten. So lässt sich auch die gewünschte Körnung leicht steuern.

frischer grüner Pfeffer
Langer Pfeffer
Kampot-Pfeffer
Kubeben-Pfeffer
Szechuan-Pfeffer
gemahlene Pfeffermischung
grüner
Urwald-Pfeffer
eingelegter grüner Pfeffer
schwarzer Pfeffer
fermentierter grüner Pfeffer

PORTRAIT MEERRETTICH

Meerrettich ist ein Wurzelgemüse mit einem scharf-würzigen Geschmack. Er enthält ätherische Öle, die für den würzigen Geschmack und den Duft, den er frisch gerieben verströmt, verantwortlich sind. Meerrettich ist unter anderem reich an Vitamin C, er wird traditionell für seine verdauungsfördernden und immunstärkenden Eigenschaften geschätzt.

Meerrettich stammt ursprünglich aus Osteuropa und Westasien. Die Wurzel hat eine brennende Schärfe, ähnlich wie Senf oder Wasabi. Sie wird meist frisch gerieben oder in Form von Paste oder Pulver verwendet.

In der Küche wird die Wurzel geschält und fein oder grob geraspelt oder in der Küchenmaschine zerkleinert. Man sollte ihn rasch verwenden, da er schnell seinen Geschmack und seine Schärfe verliert. Auch beim Erhitzen geht die Schärfe verloren. Die enthaltenen Senföle des Meerrettichs, die für die Schärfe zuständig sind, steigen bei der Verarbeitung in die Nase auf und bringen sie zum Laufen oder die Augen zum Tränen. Sein Geschmack ist scharf, würzig und leicht bitter. Daher sind ausgleichende Zutaten mit Säure oder Süße besonders wichtig. Sowohl Zitrone als auch Essig dienen zur geschmacklichen Harmonie. Für die Süße können alle bekannten Würzmittel verwendet werden, von Zucker über Honig bis hin zu Agavendicksaft.

Die bekanntesten Zubereitungen mit Meerrettich sind helle Saucen, Kochfleisch, Salate, Aufstriche und Dips. In der deutschen und österreichischen Küche wird Meerrettich traditionell zu Gerichten wie Fleisch und Fisch serviert. Zu den bekanntesten zählen sicher »Tafelspitz mit Meerrettichsauce« oder das Pendant mit Fischfilet.

In der japanischen Küche ist die grüne Wasabiwurzel ein bekannter Vertreter. Er wird frisch gerieben als scharfes Würzmittel verwendet. Frischer Wasabi ist deutlich schärfer als unser heimischer Meerrettich, verliert aber nach dem Reiben ebenso rasch einen Großteil seiner Schärfe. Die Wurzeln des echten Wasabi (auch japanischer Meerrettich oder Wassermeerrettich genannt), der klassisch zu Sushi und Sashimi gereicht wird, sind sehr teuer und bei uns frisch nur sehr schwer zu bekommen. Die bei uns erhältlichen Wasabiprodukte, wie Wasabipasten oder -pulver enthalten sehr geringe Anteile an echtem Wasabi. Sie werden vorrangig mit Meerrettich und Senfpulver als Schärfegeber hergestellt. Zugesetzte Farbstoffe bringen die intensiv-grüne, an echten Wasabi erinnernde Farbe.

Meerrettich sollte vor allem in kalten Gerichten verwendet werden, wenn eine pikante Schärfe gewünscht ist. In warmen Zubereitungen wird Meerrettich erst kurz vor dem Servieren zugegeben und nicht erhitzt, um die Schärfe zu erhalten.

Frische Meerrettichwurzeln können im Kühlschrank in einem feuchten Tuch eingeschlagen oder einer verschlossenen Frischhaltedose für einige Wochen gelagert werden. Immer wieder auf Schimmel kontrollieren und das Tuch feucht halten. Auch ein im kühlen Keller aufbewahrter Eimer mit Sand ist eine gute Lagermöglichkeit für frische Meerrettichwurzeln.

REZI

EPTE

INGWER

Für etwa 1,5 Liter | ZUBEREITUNGSZEIT 30 Minuten | ZIEHZEIT 2 Wochen

ALKOHOLFREIES INGWERBIER

ZUTATEN

Für den Ingwer-Starter

100 g frischer Bio-Ingwer
100 g brauner Zucker
1 sterilisiertes Glas 1,2 l

Für das Ingwerbier

70 g frischer Bio-Ingwer
Saft von 3 Zitronen
100 g brauner Zucker
3 sterilisierte Flaschen à 500 ml

ZUBEREITUNG

Für den Starter den Ingwer waschen, ¼ davon reiben und mit 25 g Zucker und 200 ml Wasser im vorbereiteten Glas vermischen. Mit einem Tuch abdecken, das Tuch mit einem Gummi fixieren. Bei Zimmertemperatur stehen lassen. Nach 24 Stunden erneut ¼ Ingwer reiben und zusammen mit 25 g Zucker zugeben. Diesen Vorgang an den nächsten 2 Tagen wiederholen, bis Ingwer und Zucker aufgebraucht sind.

Für das eigentliche Ingwerbier am fünften Tag in einem Topf 1,5 Liter Wasser aufkochen. Den Ingwer waschen und mit Schale reiben. Den Zitronensaft und den Ingwer ins heiße Wasser geben, erneut aufkochen und 30 Minuten ziehen lassen. Anschließend abseihen und den Zucker darin auflösen. Den Starter ebenfalls abseihen und zum abgekühlten Ingwersud geben. Die Mischung erneut abgedeckt bei Zimmertemperatur 2–3 Tage ziehen und reifen lassen. In dieser Zeit wird das Blubbern in der Flüssigkeit weniger, bis es fast ganz aufhört. Dann das Bier in sterilisierte Flaschen füllen und in einem kühlen Raum noch 5–7 Tage reifen lassen. Die Flaschen anschließend im Kühlschrank aufbewahren und innerhalb 1 Woche verbrauchen.

TIPP

Das fertige Ingwerbier ist gerade im Sommer eine etwas andere Erfrischung und ein tolles Mitbringsel zu einer Party.

Für etwa 2,5 Liter | ZUBEREITUNGSZEIT 15 Minuten | ZIEHZEIT 1 Tag

INGWERLIMONADE

ZUTATEN

150 g frischer Bio-Ingwer
150 g Zucker
Saft von 2 Limetten
Saft von 2 Zitronen

ZUBEREITUNG

Den Ingwer waschen und mit Schale in einen Topf reiben. Zucker, Limetten- und Zitronensaft sowie 500 ml Wasser zum Ingwer geben und aufkochen. Den abgekühlten Sud 24 Stunden im Kühlschrank ziehen lassen.

Für ein Glas Limonade jeweils etwa 50 ml des Ingweransatzes durchseihen und mit 250 ml Wasser aufgießen. Mit Eiswürfeln servieren.

TIPP

Die Zuckermenge der Limonade kann individuell angepasst werden. Die Limonade lässt sich auch mit Zuckeralternativen süßen.

Für 2 Flaschen à 500 ml | ZUBEREITUNGSZEIT 10 Minuten | ZIEHZEIT 1 Woche

INGWERESSIG

ZUTATEN

80 g frischer Ingwer
1 l naturtrüber Apfelessig

ZUBEREITUNG

Zwei saubere Schraubflaschen oder Bügelverschlussflaschen bereitstellen. Den Ingwer schälen und in dünne Scheiben schneiden. Je nach Dicke des Flaschenhalses auch Streifen oder Würfel schneiden.

Den Apfelessig und den Ingwer auf beide Flaschen verteilen und verschlossen 1 Woche ziehen lassen.

Dann den Essig wahlweise durchseihen oder mit dem Ingwer aufbewahren.

Er hält mindestens 1 Jahr und kann als würzig-scharfe Zutat für Dressings, Saucen, Dips und Aufstriche verwendet werden.

Für 1 Liter | ZUBEREITUNGSZEIT 15 Minuten | ZIEHZEIT 2–3 Tage

INGWER-MARACUJA-LIKÖR

ZUTATEN

100 g frischer Ingwer
300 ml Korn (Getreidebrand)
150 g Zucker
600 ml Maracujasaft

ZUBEREITUNG

Den Ingwer schälen und grob raspeln. In einer Schüssel den Ingwer mit dem Korn, dem Zucker und dem Maracujasaft verrühren.

Die Mischung 2–3 Tage bei Zimmertemperatur ziehen lassen, dann abseihen, in saubere Flaschen füllen und verschließen. Kühl stellen.

Den Likör innerhalb von 6 Monaten verbrauchen.

PROSIT

Für 3 Gläser à 250 ml | ZUBEREITUNGSZEIT 30 Minuten | GARZEIT 40 Minuten

INGWER-APFEL-GELEE

ZUTATEN

2 kg Äpfel
100 g frischer Ingwer
Saft von 1 Zitrone
500 g Gelierzucker 2:1

ZUBEREITUNG

Die Äpfel waschen, in Stücke schneiden und in den gelochten Siebeinsatz eines Schnellkochtopfes geben. Den Topf bis zur Mindestmarkierung mit Wasser befüllen, den Abstandshalter in den Schnellkochtopf setzen, darauf zunächst den ungelochten Einsatz und darauf wiederum den Einsatz mit den Äpfeln stellen. Den Deckel des Topfes schließen und auf höchster Stufe zum Kochen bringen. Auf der zweiten Garstufe 30 Minuten kochen. Dabei die Temperatur so einstellen, dass der zweite Ring gerade so gehalten wird.

Anschließend den Topf vom Herd ziehen und abkühlen lassen. Sobald kein Dampf mehr entweicht und das Druckventil wieder vollständig eingesunken ist, den Topf öffnen. Die Apfelstücke beiseitestellen. Sie werden in diesem Rezept nicht benötigt, können aber durch ein Passiersieb gestrichen werden. Das gewonnene Apfelmark in Gläser füllen und wie Apfelmus verwenden.

Den Apfelsaft abmessen, es werden 750 ml benötigt, und abkühlen lassen. Den Ingwer schälen und grob raspeln. In einem Topf Apfelsaft, Ingwer, Gelierzucker und Zitronensaft aufkochen und 1 Minute kochen lassen. Die Gelierprobe machen, dafür etwas Gelee auf einen kalten Esslöffel geben. Geliert die Masse, das Gelee in die Gläser füllen. Andernfalls weitere 1–2 Minuten kochen. Das Apfelgelee in sterilisierte Gläser füllen, mit frischen Deckeln verschließen und 10 Minuten kopfüber stehen lassen. Dann wenden und abkühlen lassen.

TIPP

Die Äpfel für das Gelee unbedingt selbst entsaften. Das geht außer mit dem Schnellkochtopf auch mit dem Thermomix oder einem Entsafter. Der gewonnene Saft ist viel aromatischer als gekaufter. Rotschalige Äpfel ergeben ein rotgoldenes Gelee, wie hier auf dem Foto.

Für 6 Personen | ZUBEREITUNGSZEIT 20 Minuten | KÜHLZEIT 1 Stunde
BACKZEIT 15–17 Minuten

INGWER-ROSMARIN-SHORTBREAD

ZUTATEN

2 Zweige Rosmarin
230 g kalte Butter
100 g feiner Zucker
300 g Weizenmehl Type 405
½ TL Salz
3 TL gemahlener Ingwer

ZUBEREITUNG

Den Rosmarin waschen, trockentupfen, die Nadeln abzupfen und fein hacken. Die Butter klein würfeln und in einer Schüssel mit dem Zucker, Mehl, Salz, Ingwer und Rosmarin verkneten. Den Teig zu einem Ziegel formen und abgedeckt 1 Stunde kalt stellen.

Den Backofen auf 200 °C Ober-/Unterhitze vorheizen. Den Teig 5 mm dick ausrollen und in 2 x 5 cm breite Streifen schneiden. Die Teigstreifen auf ein mit Backpapier ausgelegtes Backblech geben, mit einem Zahnstocher auf der Oberfläche mehrmals einstechen, damit die typischen Löcher entstehen.

Die Teigstreifen 15–17 Minuten backen. Die Shortbreads abkühlen lassen. Die fertig gebackenen Shortbreads in einer Gebäckdose aufbewahren.

Für 4 Personen | ZUBEREITUNGSZEIT 20 Minuten | GARZEIT 3 Minuten

CHAMPIGNON-CARPACCIO MIT INGWER-VINAIGRETTE

ZUTATEN

400 g Steinchampignons
2 Schalotten
1 fingerdickes Stück Ingwer (ca. 2 cm)
2 TL Honig
2 EL Apfelessig
5 EL Olivenöl
Salz
frisch gemahlener schwarzer Pfeffer
2 EL Sonnenblumenkerne
1 TL edelsüßes Paprikapulver
1 TL gemahlener Koriander
2 Frühlingszwiebeln

ZUBEREITUNG

Die Steinchampignons mit einer Pilzbürste putzen und anhaftende Erde entfernen. Die Pilze in dünne Scheiben schneiden und auf vier Teller verteilen.

Für das Dressing die Schalotten abziehen, würfeln und in eine Schale geben. Den Ingwer schälen und dazu reiben. Honig, Essig, 2 EL Wasser, 3 EL Olivenöl, 2 Prisen Salz und Pfeffer zugeben und verrühren. Das Dressing gleichmäßig über die Pilze träufeln.

In einer Pfanne die Sonnenblumenkerne in den restlichen 2 EL Olivenöl rösten, Paprikapulver und Koriander zugeben und die Pfanne beiseitestellen. Die Frühlingszwiebeln waschen, trockentupfen und in dünne Ringe schneiden. Beides auf das Carpaccio geben und servieren.

Für 4 Personen | ZUBEREITUNGSZEIT 30 Minuten | ZIEHZEIT 3 Stunden

CROSTINI MIT CEVICHE

ZUTATEN

400 g Heilbutt, ohne Haut
Saft von 3 Limetten
1 großes, fingerdickes Stück Ingwer (ca. 3 cm)
100 g Kirschtomaten
½ Bund frischer Koriander
1 TL Koriandersaat
½ Baguette
Olivenöl zum Braten und Anrichten
Salz
frisch gemahlener schwarzer Pfeffer
1 rote Zwiebel

ZUBEREITUNG

Den Heilbutt klein würfeln und in eine flache Schale geben. Den Limettensaft zum Fisch geben, vermengen und abgedeckt im Kühlschrank 3 Stunden ziehen lassen.

Inzwischen den Ingwer schälen und fein hacken. Die Kirschtomaten waschen und vierteln. Den Koriander waschen, trockentupfen und grob zerzupfen. Die Koriandersaat im Mörser zerstoßen.

Das Baguette in Scheiben schneiden, mit etwas Olivenöl beträufeln und in einer Pfanne beidseitig rösten. Den marinierten Fisch mit dem Ingwer, den Tomaten, dem zerstoßenen Koriander und der Hälfte der Kräuterblätter sowie 2 Prisen Salz und Pfeffer vermengen.

Die Zwiebel abziehen und in dünne Ringe schneiden. Die Ceviche auf den Crostini verteilen, die Zwiebelringe und restlichen Korianderblätter darauf verteilen und servieren.

Für 4 Personen | ZUBEREITUNGSZEIT 30 Minuten | GARZEIT 25 Minuten

BLUMENKOHL-INGWER-SUPPE

ZUTATEN

1 großer Blumenkohl
1 Zwiebel
1 Knoblauchzehe
1 Stück Ingwer (ca. 80 g)
10 EL Olivenöl
Salz
frisch gemahlener schwarzer Pfeffer
Saft von ½ Zitrone
½ TL geräuchertes Paprikapulver
5 Stängel Petersilie

ZUBEREITUNG

Den Blumenkohl waschen und in kleine Röschen zerteilen. Einige kleine Blumenkohlröschen für das Topping beiseitelegen. Die Zwiebel und den Knoblauch abziehen und würfeln. Den Ingwer schälen und auf der groben Seite der Küchenreibe raspeln.

In einem Topf 2 EL Olivenöl erhitzen, Zwiebeln, Knoblauch und die Hälfte des Ingwers darin anschwitzen. Den Blumenkohl zugeben, ebenfalls kurz anschwitzen und mit 700 ml Wasser aufgießen. 1 TL Salz zugeben, aufkochen und die Suppe mit aufgelegtem Deckel 20 Minuten bei mittlerer Hitze köcheln. Anschließend die Suppe mit einem Stabmixer fein pürieren und mit Salz, Pfeffer und etwas Zitronensaft würzig abschmecken.

In einer Pfanne das übrige Olivenöl erhitzen und den restlichen Ingwer samt der reservierten Blumenkohlröschen darin anschwitzen. Das Paprikapulver zugeben und die Pfanne vom Herd nehmen. Die Petersilie waschen, trockentupfen, hacken und zur Ingwer-Paprika-Mischung geben. Die Suppe in Schalen verteilen und mit der Gewürzbutter beträufeln.

Für 4 Personen | ZUBEREITUNGSZEIT 30 Minuten | GARZEIT 20 Minuten

SCHARFE THAI-FISCHSUPPE

ZUTATEN

1 Stück Ingwer (ca. 50 g)
2 Schalotten
2 Knoblauchzehen
1 Chilischote
2 Stängel Zitronengras
2 EL Olivenöl
2 Kaffirlimettenblätter
1 l Gemüsebrühe
400 ml ungesüßte Kokosmilch
200 g kleine Garnelen
400 g weißes Fischfilet (z.B. Heilbutt, Kabeljau, Seelachs), ohne Haut
3 Karotten
½ Bund frischer Koriander
3 Frühlingszwiebeln
2 TL brauner Zucker
Salz
frisch gemahlener schwarzer Pfeffer
2 EL Fischsauce
Saft von 1 Limette
3–4 Stängel frischer Koriander, gezupft

ZUBEREITUNG

Den Ingwer schälen, die Schalotten und den Knoblauch abziehen, die Chilischote waschen und alles fein hacken. Das Zitronengras waschen und mit dem Messerrücken flach klopfen.

In einem Topf das Öl erhitzen, Ingwer, Schalotten, Knoblauch, Chili, Zitronengras und Kaffirlimettenblätter darin mehrere Minuten anschwitzen. Mit Gemüsebrühe und Kokosmilch aufgießen und offen 10 Minuten bei mittlerer Hitze köcheln.

Inzwischen die Garnelen und den Fisch kalt abbrausen, trockentupfen und den Fisch zusätzlich würfeln. Die Karotten schälen und in dünne Streifen schneiden. Den Koriander waschen, trockentupfen und hacken. Die Frühlingszwiebeln waschen und in Ringe schneiden.

Das Zitronengras und die Kaffirlimettenblätter aus dem Sud entfernen. Den Sud mit dem Stabmixer pürieren, mit Zucker, Salz, Pfeffer, Fischsauce und dem Limettensaft würzig abschmecken. Die Karotten, den Fisch und die Garnelen in den Sud geben, 5 Minuten bei niedriger Hitze gar ziehen lassen. Zum Anrichten in Suppenschalen verteilen. Mit Frühlingszwiebeln und Korianderblättchen bestreuen und servieren.

TIPP

Die Suppe zusätzlich mit 100 g gegarten Glasnudeln anreichern.

Für 4 Personen | ZUBEREITUNGSZEIT 25 Minuten | GARZEIT 30 Minuten

GESCHMORTER KÜRBIS MIT APRIKOSEN UND INGWERÖL

ZUTATEN

1 Zwiebel
2 Knoblauchzehen
4 Gewürznelken
3 Pimentkörner
½ TL Pfefferkörner
1 Muskatkürbis (ca. 1,5 kg)
10 getrocknete Aprikosen
4 getrocknete Tomaten (luftgetrocknet)
2 EL Butter
1 TL getrockneter Oregano
1 EL Tomatenmark
100 ml Weißwein
250 g stückige Tomaten (Konserve)
200 ml Gemüsebrühe
Salz
1 großes Stück Ingwer (ca. 50 g)
4 EL Olivenöl
Saft von 1 Limette
frisch gemahlener schwarzer Pfeffer
1 TL Zucker

ZUBEREITUNG

Die Zwiebel und den Knoblauch abziehen und beides klein würfeln. In einem Mörser Nelken, Piment und Pfefferkörner zerstoßen. Den Kürbis schälen, entkernen und das Fruchtfleisch in größere Würfel schneiden. Die Aprikosen und getrockneten Tomaten klein schneiden.

In einem Topf die Butter erhitzen, Zwiebeln, Knoblauch, Gewürzmischung, Oregano und Tomatenmark darin mehrere Minuten anschwitzen. Den Kürbis, die Aprikosen und die getrockneten Tomaten zugeben und zusammen anschwitzen. Das Ganze mit dem Weißwein ablöschen, stückige Tomaten und die Gemüsebrühe zugeben und mit 1 TL Salz würzen. Den Kürbis mit aufgelegtem Deckel 15 Minuten schmoren.

Inzwischen den Ingwer schälen und fein reiben, dann in einer kleinen Schale mit dem Olivenöl und dem Limettensaft verrühren.

Den Kürbis mit Salz, Pfeffer und Zucker würzig abschmecken und auf Teller verteilen. Mit dem Ingwer-Gewürzöl beträufeln und servieren.

Für 4 Personen | ZUBEREITUNGSZEIT 20 Minuten | GARZEIT 15 Minuten

IN INGWERBUTTER GEBRATENE GARNELEN

ZUTATEN

1 große Stange Lauch
4 EL Olivenöl
Salz
ca. 20 TK-Garnelen mit Schale, aufgetaut
frisch gemahlener schwarzer Pfeffer
1 großes Stück Ingwer (ca. 70 g)
50 g Butter
1 Limette, in Spalten

ZUBEREITUNG

Den Lauch der Länge nach halbieren, gründlich waschen und in Streifen schneiden. In einer Pfanne 2 EL Öl erhitzen und den Lauch darin anschwitzen. Dann leicht salzen, 3–4 Minuten garen und in eine Schale umfüllen.

Die Garnelen kalt abbrausen, trockentupfen und mit Salz und Pfeffer würzen. Den Ingwer schälen und in Streifen schneiden. In der Pfanne die restlichen 2 EL Olivenöl erhitzen und die Garnelen darin 2–3 Minuten unter Wenden anbraten. Dann den Ingwer und die Butter zugeben, aufschäumen und die Garnelen mit der Butter mehrfach übergießen. Den Lauch zugeben, mit erwärmen und leicht salzen und pfeffern.

Das Lauchgemüse mit den Garnelen auf Teller verteilen und mit Limettenspalten servieren. Dazu passt Baguette.

Für 4–6 Personen | ZUBEREITUNGSZEIT 20 Minuten
GEFRIERZEIT IN DER EISMASCHINE 45–60 Minuten, bei Bedarf länger (je nach Gerät)

ERDBEER-SORBET MIT INGWER

ZUTATEN

100 g feiner Zucker
500 g Erdbeeren (frisch oder TK und aufgetaut)
30 g Ingwer
Saft von ½ Zitrone

ZUBEREITUNG

In einem Topf den Zucker mit 120 ml Wasser verrühren, aufkochen und lauwarm abkühlen lassen. Die frischen Erdbeeren abbrausen, abtropfen lassen, putzen und in einem hohen Gefäß pürieren. Alternativ die tiefgekühlten Erdbeeren antauen lassen, in einem Topf 2–3 Minuten erhitzen und anschließend pürieren.

Den Ingwer schälen und zum Erdbeerpüree reiben. Das Erdbeerpüree mit dem Zitronensaft und dem Zuckersirup vermengen und mit dem Stabmixer kurz durchmischen. Die Masse in der Eismaschine gefrieren lassen. Zum Anrichten zu Nocken formen und servieren.

Für 4–6 Personen | ZUBEREITUNGSZEIT 30 Minuten | KÜHLZEIT 3–4 Stunden

LIMETTEN-INGWER-QUARKMOUSSE

ZUTATEN

Für die Mousse

6 Blatt weiße Gelatine
200 g kühlschrankkalte, süße Sahne
3 Limetten
75 g feiner Zucker
250 g Sahnequark
1 Stück Ingwer (ca. 50 g)

Für das Kompott

200 ml Fruchtsaft
1 gehäufter TL Speisestärke
1–2 EL Zucker (nach Bedarf)
150 g frische Beeren oder Obst nach Saison

Außerdem

4 Minzblätter

ZUBEREITUNG

Die Gelatine mit kaltem Wasser bedeckt 10 Minuten einweichen. Die Sahne in einer Schüssel steif schlagen und bis zur Verwendung in den Kühlschrank stellen. Den Saft der Limetten in einen kleinen Topf pressen, den Zucker zugeben und zusammen 2 Minuten aufkochen. Dann die Mischung vom Herd ziehen, die gut ausgedrückte Gelatine zugeben und darin unter Rühren auflösen.

Den Quark in einer Schüssel glatt rühren. 2–3 EL des Quarks zur Gelatinemischung geben und damit tempieren. Den Quark und die Gelatine-Limetten-Mischung verrühren, den Ingwer schälen und dazu reiben. Zuletzt die Sahne unter die Masse heben. Die Mousse in vier Dessertschalen füllen und abgedeckt im Kühlschrank 3–4 Stunden festwerden lassen.

Für das Kompott den Fruchtsaft mit Speisestärke und Zucker in einem Topf glatt rühren und unter Rühren aufkochen. 1 Minute köcheln lassen, dann die verlesenen und abgebrausten Beeren unterheben. Das Kompott abkühlen lassen.

Zum Servieren das Kompott auf der Mousse verteilen. Mit Minze garniert servieren.

Für 1 Kastenform (25 cm Länge) | ZUBEREITUNGSZEIT 30 Minuten | BACKZEIT 45 Minuten

ORANGENKUCHEN MIT INGWERGLASUR

ZUTATEN

100 g Butter
300 g Zucker
5 Eier
1 Prise Salz
1 unbehandelte Orange
100 g süße Sahne
2 cl Orangenlikör
250 g Weizenmehl Type 405
1 TL Backpulver
50 g kandierter Ingwer
1 ½ TL gemahlener Ingwer
150 g Puderzucker

ZUBEREITUNG

Den Backofen auf 180 °C Ober-/Unterhitze vorheizen. Eine Kastenform einfetten. In einem kleinen Topf die Butter bei niedriger Temperatur zerlassen und abkühlen lassen.

In der Küchenmaschine den Zucker mit den Eiern und 1 Prise Salz cremig aufschlagen. Die Orange heiß waschen und die Schale zum Ei-Zucker-Schaum reiben. Die Sahne und den Orangenlikör zugeben und alles verrühren. Das Mehl mit dem Backpulver zum Eischaum sieben und unterheben. Zuletzt den kandierten Ingwer hacken und mit der geschmolzenen Butter unterziehen.

Die Masse in die Kastenform füllen. Im vorgeheizten Backofen 40–45 Minuten backen. Den Kuchen vollständig abkühlen lassen. Nach dieser Zeit eine Stäbchenprobe machen, bei Bedarf die Backzeit verlängern.

Die Orange auspressen. Für die Glasur in einer kleinen Schale das Ingwerpulver und den Puderzucker mit 25 ml Orangensaft verrühren. Den Guss über dem Kuchen verteilen und festwerden lassen. Den Kuchen zum Servieren in Scheiben schneiden.

TIPP

Der Kuchen ist wunderbar saftig, süß und leicht herb. Eine gelungene Kombination. Im Winter unbedingt mit Blutorangen ausprobieren! Der rote Saft verleiht dem Guss eine tolle Farbe.

Für 12 Stück | ZUBEREITUNGSZEIT 30 Minuten | BACKZEIT 25 Minuten

SCHOKO-INGWER-CUPCAKES

ZUTATEN

Für die Cupcakes

150 g Butter plus mehr für die Form
100 g Zartbitterschokolade
100 g Zucker
2 Eier
2 Prisen Salz
220 g Weizenmehl Type 405
30 g Backkakao
1 gehäufter TL Backpulver
½ TL Natron
100 ml Milch

Für das Frosting

300 g Frischkäse
250 g Mascarpone
50 g Zucker
2 TL Vanillezucker
2 TL gemahlener Ingwer plus etwas mehr zum Garnieren
100 g süße Sahne
Abrieb von ½ unbehandelten Zitrone
2–3 Stücke kandierter Ingwer

ZUBEREITUNG

Den Backofen auf 175 °C Ober-/Unterhitze vorheizen. Ein Muffinblech mit Butter einfetten. Die Schokolade hacken und in einer Schüssel über einem heißen Wasserbad schmelzen.

In der Küchenmaschine die Butter mit dem Zucker und den Eiern 3 Minuten aufschlagen. Die geschmolzene Schokolade und das Salz unterziehen. Das Mehl mit Kakao, Backpulver und Natron in einer Schüssel mischen, zur Butter-Zucker-Mischung sieben und unterrühren. Zuletzt die Milch unterrühren und die Masse in die Muffinform verteilen.

Im vorgeheizten Backofen 20–25 Minuten backen. Die Muffins noch warm auf der Oberseite mit einem Esslöffel flach drücken, so hält das Frosting besser. Anschließend aus der Form lösen, auf eine Platte setzen und abkühlen lassen.

Für das Frosting den Frischkäse mit Mascarpone, Zucker, Vanillezucker, gemahlenem Ingwer, Sahne und Zitronenabrieb in eine Schüssel geben. Alles in der Küchenmaschine oder mit dem Handrührer cremig aufschlagen. Das Frosting in einen Spritzbeutel mit Sterntülle füllen und auf die abgekühlten Muffins spritzen. Nach Belieben gehackten kandierten Ingwer in das Frosting stecken und mit gemahlenem Ingwer bestreuen.

Für 4–6 Personen | ZUBEREITUNGSZEIT 30 Minuten | GARZEIT 15 Minuten
ZIEHZEIT 1–2 Tage

EINGELEGTE INGWERBIRNEN

ZUTATEN

2 unbehandelte Zitronen
100 g frischer Ingwer
500 ml Weißwein
120 g Zucker
5 Gewürznelken
4–6 Birnen

Zum Anrichten

4 Scheiben Roggenbrot
200 g Ziegenfrischkäse oder Doppelrahmfrischkäse
4 Zweige Thymian

ZUBEREITUNG

Für die eingelegten Birnen die Zitronen heiß waschen, von der Schale 3 breite Streifen schneiden und die Früchte auspressen. Den Ingwer schälen und in Scheiben schneiden.

Für den Sud in einem Topf den Weißwein mit Zucker, Nelken und Zitronensaft aufkochen. Die Birnen schälen, halbieren, entkernen und mit dem Ingwer in den Sud legen. Nun erneut aufkochen und die Birnen darin je nach Reifegrad weich garen. Anschließend im Sud abkühlen lassen und im Kühlschrank abgedeckt 1–2 Tage ziehen lassen.

Zum Anrichten in einem Topf einen Teil der Birnenflüssigkeit dickflüssig einkochen. Die Brotscheiben mit Frischkäse bestreichen und mit Birnenhälften belegen. Den Thymian darüber zupfen, mit Birnensirup beträufeln und servieren.

PFEFFER

Für 1 Glas à 200 ml | ZUBEREITUNGSZEIT 10 Minuten
FERMENTIERZEIT 3–4 Wochen

FERMENTIERTER GRÜNER PFEFFER

ZUTATEN

120 g frische grüne Pfefferbeeren (erhältlich im Asiamarkt)
40 g naturbelassenes Meersalz

ZUBEREITUNG

Die Pfefferbeeren von den Stielen zupfen und waschen. Dann auf einem sauberen Küchentuch trockentupfen und mit dem Salz in ein sauberes Vorratsglas füllen. Mit einem Tuch bedecken und dieses mit einem Gummi befestigen. Den Pfeffer nun alle 1–2 Tage umrühren oder schütteln und 3–4 Wochen fermentieren.

TIPPS

Der fermentierte Pfeffer besitzt ein fruchtiges und frisches Aroma. Die Schärfe hält nicht lange, ist aber intensiv. Anders, als das Pendant aus dem Supermarkt, ist er weder muffig, noch bitter.

Dieser Pfeffer passt besonders gut zu deftigen Fleischgerichten. Aber auch in der fernöstlichen Küche bringt er eine überraschende Schärfe ins Spiel. Entweder die ganzen Pfefferbeeren dezent über ein Gericht streuen oder grob gehackt verwenden.

Beim Mitgaren unbedingt vorher etwas klein hacken oder im Mörser zerstoßen, damit sich seine Schärfe optimal entfalten kann.

Das Salz konserviert die Pfefferbeeren, sodass der eingelegte grüne Pfeffer mindestens 1 Jahr haltbar ist.

Grüner Pfeffer
-fermentiert-

Für 2 Gläser à 400 ml | ZUBEREITUNGSZEIT 30 Minuten | ZIEHZEIT 2–3 Tage

PFEFFRIGE GEWÜRZGURKEN

ZUTATEN

250 ml Branntweinessig
15 g Salz
50 g Zucker
2 Salatgurken oder 6–8 Mini-Gurken
1 Chilischote (optional)
2 Stängel Dill
2 TL schwarzer Pfeffer
2 TL grüner eingelegter Pfeffer (oder fermentierter grüner Pfeffer, siehe Seite 74)
2 TL Senfsaat

ZUBEREITUNG

Für den Sud in einem Topf den Essig mit Salz, Zucker und 250 ml Wasser aufkochen. Die Gurken der Länge nach halbieren, in breite Stücke schneiden und in Gläser schichten. Die Chilischote der Länge nach halbieren, den Dill waschen und trockentupfen. Den Dill und die Gewürze gleichmäßig auf beide Gläser verteilen.

Den Sud erneut aufkochen, die Gurken damit aufgießen und mit frischen, sauberen Deckeln verschließen. Die Gurken 2–3 Tage im Kühlschrank ziehen lassen, dann können sie verzehrt werden. Innerhalb 1–2 Wochen verbrauchen.

Für 4 Personen | ZUBEREITUNGSZEIT 30 Minuten | BACKZEIT 15 Minuten

CHEDDAR-SCONES MIT GRÜNEM PFEFFER

ZUTATEN

Für die Scones

250 g Weizenmehl Type 405
2 TL Backpulver
50 g kalte Butter, gewürfelt
100 g geriebener Cheddar
1 TL Zucker
1 TL Salz
1 EL fermentierte grüne Pfefferkörner, gehackt (siehe Seite 74)
125 ml Milch

Für den Aufstrich

200 g Ziegenfrischkäse
Saft von ½ Zitrone
frisch gemahlener schwarzer Pfeffer
1 Bund Schnittlauch
Feigensenf zum Servieren

ZUBEREITUNG

Für die Scones das Mehl mit dem Backpulver in eine Schüssel sieben, die kalte Butter zugeben und zwischen den Fingern zu Streuseln verreiben, ohne zu kneten. Dann Cheddar, Zucker, Salz, Pfeffer und Milch zugeben. Zu einem Teig zusammenfügen, dabei den Teig immer wieder übereinanderschlagen, nicht kneten.

Den Backofen auf 220 °C Ober-/Unterhitze vorheizen, ein Backblech mit Backpapier auslegen. Den Teig etwa 2 cm dick auf der Arbeitsfläche rund ausbreiten, in Dreiecke teilen und auf das Backblech legen. Die Scones im vorgeheizten Backofen 15 Minuten backen.

In einer kleinen Schüssel den Ziegenfrischkäse mit dem Zitronensaft, 1 Prise Salz und Pfeffer verrühren. Den Schnittlauch waschen, trockentupfen, klein schneiden und unter den Frischkäse mischen. Die Scones frisch gebacken mit dem Ziegenfrischkäse und dem Feigensenf servieren.

Für 4 Personen | ZUBEREITUNGSZEIT 30 Minuten | GARZEIT 10 Minuten

GEGRILLTE ANANAS UND ZUCCHINI MIT SZECHUAN-PFEFFER

ZUTATEN

1 Ananas
2–3 Zucchini
Salz
5 EL Olivenöl
1 TL Szechuan-Pfeffer
Saft von 1 Limette
1 EL Honig
2 Handvoll Rucola
3 Stängel Kerbel

ZUBEREITUNG

Die Ananas schälen und in 0,5 cm dünne Scheiben schneiden. Die Zucchini waschen, die Enden abschneiden und ebenso in 0,5 cm dünne Scheiben schneiden. Die Zucchini in einer Schüssel mit ½ TL Salz und 2 EL Olivenöl marinieren und beiseitestellen.

Zunächst die Ananas in der Grillpfanne oder auf dem Grill bei mittlerer Hitze ohne zusätzliches Fett beidseitig grillen, bis schöne Grillstreifen entstanden sind. Die marinierten Zucchini im Anschluss kurz abtropfen lassen und ebenso grillen.

Die Ananas und Zucchini abwechselnd auf einer Platte auslegen.

Für die Marinade den Szechuan-Pfeffer in einer Pfanne kurz rösten, dann im Mörser zerstoßen. In einer Schale den Pfeffer mit dem Limettensaft, dem Honig, 3 EL Olivenöl und 2–3 Prisen Salz verrühren. Die Marinade über Ananas und Zucchini verteilen. Den Rucola und den Kerbel waschen und trockentupfen. Beides locker auf dem Salat anrichten.

TIPP

Den Ananas-Zucchini-Salat ergänzen wunderbar Burrata oder zerbröselter Feta.

Für 4 Personen | ZUBEREITUNGSZEIT 30 Minuten | GARZEIT 15 Minuten

GERÖSTETE ROTE BETE AUF BOHNEN-HUMMUS MIT KAMPOT-PFEFFER

ZUTATEN

Für das Gemüse

4 frische Rote Bete (ca. 500 g)
3 EL Olivenöl plus mehr zum Beträufeln
2 TL roter Kampot-Pfeffer
1 TL Koriandersaat
½ TL gemahlener Ingwer
Salz

Für den Hummus

150 g Dicke Bohnen (TK und aufgetaut)
100 g gegarte Kichererbsen
1 Knoblauchzehe
1 TL gemahlener Kreuzkümmel
Saft von 1 Zitrone
120 g Tahin (Sesampaste)
frisch gemahlener schwarzer Pfeffer

Außerdem

3 Stängel Petersilie
2 TL Sesamsaat
2 TL Schwarzkümmel

ZUBEREITUNG

Die Rote Bete schälen und würfeln. In einer Pfanne das Olivenöl erhitzen und die Rote Bete darin etwa 10 Minuten bei mittlerer Hitze anschwitzen. Den Kampot-Pfeffer und die Koriandersaat im Mörser zerstoßen, ganz zuletzt zugeben und kurz mit dem Gemüse rösten. Das Gemüse mit Ingwer und Salz würzen.

Für den Hummus die Bohnenkerne aus den dünnen Häuten lösen und den Knoblauch abziehen. Die Bohnenkerne im Mixer mit den abgegossenen Kichererbsen, Knoblauch, Kreuzkümmel, Zitronensaft und 30 ml Wasser fein pürieren. Das Tahin, ½ TL Salz sowie etwas Pfeffer hinzufügen und erneut fein pürieren.

Die Petersilie waschen, trockentupfen und hacken. Das Rote-Bete-Gemüse mit dem Hummus auf Teller verteilen, mit Sesam, Schwarzkümmel und Petersilie bestreuen und mit etwas Olivenöl beträufeln.

Für 4 Personen | ZUBEREITUNGSZEIT 30 Minuten | GARZEIT 20 Minuten

PASTA CACIO E PEPE

ZUTATEN

200 g Pecorino
100 g Parmesan plus mehr zum Anrichten
2 TL Malabar-Pfeffer plus mehr zum Servieren
500 g Spaghetti
Salz
75 ml natives Olivenöl

ZUBEREITUNG

Den Pecorino und Parmesan reiben, den Pfeffer im Mörser zerstoßen. Die Spaghetti in reichlich kochendem, gut gesalzenem Wasser al dente garen. Vom Nudelwasser 200 ml abnehmen, dann die Pasta abgießen. In einer breiten, tiefen Pfanne das Olivenöl erhitzen und den Pfeffer darin rösten.

Die Spaghetti zum Pfeffer in die Pfanne geben. Den Pecorino und Parmesan sowie das abgenommene Nudelwasser zugeben und zusammen erhitzen. Die Nudeln in der Flüssigkeit wenden, bis der Käse geschmolzen und eine cremige Sauce entstanden ist.

Die Nudeln auf Teller verteilen und mit mehr gestoßenem Pfeffer und frisch geriebenem Parmesan bestreut servieren.

Für 4 Personen | ZUBEREITUNGSZEIT 30 Minuten | GARZEIT 25 Minuten

GLASIERTE AUBERGINEN IN TERIYAKISAUCE

ZUTATEN

Für die Teriyakisauce
200 ml Sojasauce
100 ml Sake
100 ml Mirin (japanischer Reiswein)
80 g brauner Zucker
1 Knoblauchzehe

Für die Auberginen
4 Auberginen
Salz
2–3 EL Olivenöl
2 Zweige Rosmarin
1–2 TL Tellicherry-Pfeffer

Außerdem
150 g gemischter Blattsalat
2 EL Weißweinessig
1 TL Zucker
1 TL mittelscharfer Senf
3 EL Olivenöl

ZUBEREITUNG

Für die Teriyakisauce die Sojasauce mit Sake, Mirin und Zucker in einen Topf geben. Den Knoblauch abziehen, fein hacken und zugeben. Die Mischung aufkochen und bei mittlerer Hitze etwa 10 Minuten köcheln, bis sie leicht sämig ist. Die Sauce in ein sauberes Schraubglas umfüllen und abkühlen lassen.

Die Auberginen waschen, die Enden abschneiden und die Auberginen schälen. Die Auberginen längs halbieren und die Hälften auf der runden Seite in kurzen Abständen rautenförmig einschneiden. Gut salzen und 10 Minuten ruhen lassen. Die Auber ginen anschließend abtupfen, mit Olivenöl beträufeln und in einer Grillpfanne braten. Dabei die Hälften mit einem Topf beschweren, damit sie gleichmäßig garen. Nach etwa 3 Minuten 2 EL Teriyakisauce und Rosmarin zugeben und die Auberginen bei mittlerer Hitze darin garen. Sobald die Sauce von den Auberginen aufgenommen ist, erneut 2 EL davon zugeben. Diesen Vorgang etwa fünfmal wiederholen, bis die Auberginen glasiert sind. Zuletzt die Pfanne mit einem Deckel verschließen und 5 Minuten im eigenen Saft schmoren. Den Tellicherry-Pfeffer im Mörser zerstoßen und die Auberginen damit bestreuen.

Zum Servieren den Salat verlesen, waschen und trockenschleudern. Für das Dressing den Essig mit 1 EL Wasser, Zucker, 2 Prisen Salz, Senf und Olivenöl verrühren. Den Salat damit vermischen und auf Teller verteilen. Die Auberginen dazulegen und servieren. Die übrige Teriyakisauce dazureichen oder für andere Gerichte verwenden.

Für 4 Personen | ZUBEREITUNGSZEIT 30 Minuten | GARZEIT 30 Minuten

KÜRBIS-ADOBO – GESCHMORTES GEMÜSE IN SEHR WÜRZIGER SAUCE

ZUTATEN

1 Hokkaido-Kürbis
2 Bund Suppengemüse
1 Gemüsezwiebel
2 Knoblauchzehen
2 TL schwarzer Pfeffer (Tellicherry, Malabar oder Langer Pfeffer)
1 TL gelbe Senfsaat
1 TL Koriandersaat
3 Gewürznelken
1 Stück Ingwer (ca. 3 cm)
3 EL Olivenöl
2 EL Tomatenmark
50 ml Sojasauce
300 ml Gemüsebrühe
2 TL brauner Zucker
1–2 EL Weißweinessig
3 Stängel Koriander

ZUBEREITUNG

Den Kürbis waschen, mit Schale halbieren, entkernen und würfeln. Das Suppengemüse waschen, putzen, schälen und ebenfalls würfeln. Alle Gemüsesorten sollten in etwa dieselbe Größe haben, damit sie gleichzeitig gar werden. Die Zwiebel und den Knoblauch abziehen und würfeln.

In einem Mörser Pfeffer, Senfsaat, Koriander und Nelken zerstoßen. Den Ingwer schälen und in Scheiben schneiden. In einem Bräter das Olivenöl erhitzen, die Gewürze und den Ingwer darin anschwitzen. Die Zwiebeln, den Knoblauch und das Tomatenmark zugeben und unter Rühren solange rösten, bis alles gut gebräunt ist. Den Röstansatz mit der Sojasauce ablöschen. Nun das Gemüse zugeben, die Brühe angießen und aufkochen.

Das Gemüse mit aufgelegtem Deckel bei mittlerer Hitze 20–25 Minuten garen, bis es sehr weich ist. Das Adobo mit Zucker und dem Essig abschmecken und in tiefen Schalen anrichten. Den Koriander grob hacken und das Gemüse damit bestreut servieren.

Für 4 Personen | ZUBEREITUNGSZEIT 30 Minuten | GARZEIT 30 Minuten

SAIBLING IN GEWÜRZ-BUTTER MIT SELLERIEPÜREE

ZUTATEN

Für das Selleriepüree

1 große Sellerieknolle (ca. 700 g)
1 Zwiebel
2 EL Butter
200 ml Gemüsebrühe
200 g süße Sahne
frisch geriebene Muskatnuss

Für den Saibling

1 Stängel Zitronengras
2 Knoblauchzehen
1 Stück Ingwer (ca. 2 cm)
4 Saiblingsfilets mit Haut (à ca. 200 g)
1 EL Olivenöl
2 Sternanis
4 Gewürznelken
1 TL zerstoßene schwarze Pfefferkörner
2 Kaffirlimettenblätter
100 g Butter

Außerdem

Salz
1 Limette, in Spalten

ZUBEREITUNG

Für das Selleriepüree den Sellerie schälen und würfeln. Die Zwiebel abziehen und würfeln. In einem Topf beides in der Butter 5 Minuten anschwitzen. Die Brühe und Sahne zugeben, ½ TL Salz hinzufügen und den Sellerie mit aufgelegtem Deckel sehr weich garen.

Inzwischen für den Saibling das Zitronengras waschen und in Stücke schneiden. Den Knoblauch und den Ingwer schälen und in Scheiben schneiden. Die Fischfilets kalt abbrausen, trockentupfen und mit Salz würzen. In einer Pfanne das Olivenöl erhitzen und die Saiblingsfilets mit der Hautseite nach unten darin anbraten. Die Gewürze, Zitronengras, Knoblauch, Ingwer und Kaffirlimettenblätter zum Fisch in die Pfanne geben. Die Butter zugeben und zerlassen. Den Fisch mehrfach mit der Gewürzbutter übergießen und 2–3 Minuten bei mittlerer Hitze gar ziehen lassen.

Den Sellerie mit der Kochflüssigkeit zu einem feinen Püree mixen und mit Salz, einem Spritzer Limettensaft und Muskatnuss würzig abschmecken.

Den Saibling auf dem Selleriepüree anrichten und mit der Gewürzbutter beträufeln. Mit Limettenspalten servieren.

Für 4 Personen | ZUBEREITUNGSZEIT 30 Minuten | GARZEIT 40 Minuten

GEGRILLTES RIBEYE-STEAK MIT GRÜNER PFEFFERSAUCE

ZUTATEN

Für die Pfeffersauce

1 Zwiebel
1 Knoblauchzehe
1 EL Butter
3 EL eingelegter grüner Pfeffer oder fermentierter grüner Pfeffer (siehe Seite 74)
2 cl Cognac
400 ml Kalbsfond
100 g süße Sahne
Salz
½ Zitrone
1–2 TL Speisestärke (optional)

Für die Steaks

4 Dry Aged Ribeye-Steaks (à 250 g), etwa 3 cm dick
grobes Meersalz

ZUBEREITUNG

Die Steaks 1 Stunde vor der Zubereitung bei Zimmertemperatur temperieren. Anschließend den Backofen auf 80 °C Ober-/Unterhitze vorheizen. Die Steaks auf ein Ofengitter legen und 30 Minuten im Backofen temperieren. Ein Backblech oder eine Schale unterstellen, damit abtropfender Fleischsaft aufgefangen wird.

Für die Sauce die Zwiebel und den Knoblauch abziehen und würfeln. In einem Topf die Butter zerlassen, Zwiebeln und Knoblauch darin anschwitzen. Die Hälfte der grünen Pfefferkörner kleinhacken und zu den Zwiebeln geben. Mit Cognac ablöschen, den Kalbsfond und die Sahne zugeben. Die Sauce 10 Minuten offen bei mittlerer Hitze köcheln. Die Sauce pürieren, mit Salz und einem Spritzer Zitronensaft würzig abschmecken und nach Belieben mit etwas in kaltem Wasser angerührter Speisestärke abbinden. Alternativ kann die Sauce auch weiter eingekocht werden, bis sie sämig ist. Den übrigen grünen Pfeffer zugeben und die Sauce beiseitestellen.

Einen Grill auf 250 °C direkte Hitze vorheizen. Die Steaks aus dem Ofen nehmen und auf dem heißen Grill von jeder Seite 2 Minuten grillen. Anschließend 5 Minuten ruhen lassen. Alternativ in einer sehr gut vorgeheizten Pfanne die Steaks anbraten. Die Sauce erneut aufkochen. Die Steaks auf Teller verteilen, mit Meersalz würzen und mit der Sauce servieren.

Dazu passen Kartoffelwedges.

Für 4–6 Personen | ZUBEREITUNGSZEIT 40 Minuten | GARZEIT 4 Stunden

SPICY PULLED PORK

ZUTATEN

Für das Fleisch

2 TL schwarze Pfefferkörner
1 Chilischote
2 TL brauner Zucker
2 TL Salz
1 Schweinenacken (à 1,5 kg)
250 ml Apfelessig
250 ml Apfelsaft
2 Gemüsezwiebeln

Für die Sauce

2 Gemüsezwiebeln
100 g Butter
100 ml Bourbon-Whiskey
400 g stückige Tomaten (Konserve)
3 EL brauner Zucker
2 Lorbeerblätter
100 g Aprikosenkonfitüre
2 EL Dijonsenf
50 ml Sojasauce
2 EL Tomatenmark

Außerdem

6 Burgerbuns oder Sandwichbrot
1 rote Zwiebel, abgezogen und in Ringe geschnitten
100 g Röstzwiebeln

ZUBEREITUNG

Den Backofen auf 140 °C Ober-/Unterhitze vorheizen. Für das Fleisch die Pfefferkörner im Mörser zerstoßen. Die Chilischote waschen und hacken. Beides in einer kleinen Schale mit dem Zucker und dem Salz mischen. Den Schweinenacken mit der Gewürzpaste bestreichen und in einen Bräter legen. Den Apfelessig, Apfelsaft und 250 ml Wasser neben dem Fleisch angießen. Die Zwiebeln abziehen, in Streifen schneiden und zum Fleisch geben. Das Fleisch mit aufgelegtem Deckel im Backofen 4 Stunden garen.

Inzwischen für die Sauce die Zwiebeln abziehen und würfeln. In einem Topf die Butter zerlassen und die Zwiebeln darin 10 Minuten anschwitzen, bis sie goldbraun und sehr weich sind. Mit dem Whiskey ablöschen, stückige Tomaten, braunen Zucker, Lorbeer, Aprikosenkonfitüre, Dijonsenf, Sojasauce und Tomatenmark zugeben. Die Sauce offen bei niedriger Hitze 1,5 Stunden leise köcheln, dabei regelmäßig umrühren.

Das weiche Fleisch aus dem Sud nehmen, mit der Hälfte der gekochten Sauce und einer Kelle Sud vom Garen vermischen und zerteilen. Das Pulled Pork in Sandwichbrot oder Burger Buns füllen und servieren. Die übrige Sauce, Zwiebelringe und Röstzwiebeln dazu servieren.

Für 4–6 Personen | ZUBEREITUNGSZEIT 30 Minuten
GEFRIERZEIT IN DER EISMASCHINE etwa 45–60 Minuten (je nach Gerät), bei Bedarf verlängern

SCHOKOLADENEIS MIT KARAMELL-PARADIES-KÖRNER-CRUNCH

ZUTATEN

Für das Eis

150 g Zartbitterschokolade (mind. 70 % Kakaoanteil)
300 g süße Sahne
300 ml Milch
80 g Zucker
25 g Kakaopulver
4 Eigelb
1 Prise Salz

Für den Crunch

100 g Mandelblättchen
30 g feinster Zucker
2 TL Paradieskörner

Außerdem

Belgische Waffeln oder Eiswaffeln nach Belieben

ZUBEREITUNG

Für das Eis die Schokolade hacken. In einem Topf die Sahne mit der Milch und dem Zucker aufkochen. Die heiße Sahne vom Herd ziehen und die Schokolade darin schmelzen. Kakaopulver, Eigelb und Salz zugeben und mit dem Stabmixer pürieren.

Die Mischung in eine Rührschüssel füllen und über einem heißen Wasserbad etwa 10 Minuten unter Rühren auf 75 °C erhitzen. Mit einem Küchenthermometer überprüfen. Dann die Mischung durch ein Sieb seihen und abkühlen lassen. Die kalte Eismasse in der Eismaschine cremig gefrieren.

Für den Crunch in einer Pfanne die Mandelblättchen bei mittlerer Hitze unter Aufsicht rösten. Den Zucker einstreuen und goldbraun karamellisieren. Die Paradieskörner zum Karamell geben, dann auf einem leicht geölten Bogen Backpapier verteilen und festwerden lassen. Den Mandel-Karamell nach dem Erkalten hacken und unter das Eis mischen.

Zum Servieren Kugeln formen und auf Belgischen Waffeln oder in Eiswaffeln servieren.

Für 4 Personen | ZUBEREITUNGSZEIT 30 Minuten | BACKZEIT 20 Minuten
RUHEZEIT möglichst über Nacht

MASCARPONECREME MIT BROWNIES, KIRSCHEN UND KAMPOT-PFEFFER

ZUTATEN

Für den Brownie

100 g Butter
150 g Zartbitterschokolade
100 g brauner Zucker
2 Eier
100 g Weizenmehl Type 405
½ TL Natron
½ TL Salz
20 g Kakaopulver

Für die Creme

Saft von ½ Zitrone
2 frische Eiweiß
1 Prise Salz
50 g Zucker
250 g Mascarpone
150 g Schmand
1 TL Kampot-Pfeffer

Für das Kirschkompott

250 g TK-Sauerkirschen (aufgetaut)
30 g Zucker
2 TL Speisestärke

ZUBEREITUNG

Für den Brownie den Backofen auf 170 °C Ober-/Unterhitze vorheizen, eine Backform (20 x 20 cm) mit Backpapier auslegen. Die Butter würfeln, die Schokolade hacken und beides in einem Topf bei mäßiger Hitze schmelzen. Den Topf vom Herd nehmen, den Zucker zugeben und unterrühren, bis er geschmolzen ist. Die Eier einzeln einrühren. Zuletzt Mehl, Natron, Salz und Kakao zugeben und unter die Masse rühren. Den Brownieteig in die Form füllen und im vorgeheizten Backofen 25 Minuten backen. Anschließend abkühlen lassen. Am besten über Nacht in einem kühlen Raum ruhen lassen, dadurch wird der Kuchen schön »chewy«.

Für das Kirschkompott in einem Topf die Kirschen mit dem Zucker und 150 ml Wasser aufkochen, dann 2–3 Minuten leise köcheln. Die Speisestärke mit 2 EL kaltem Wasser verrühren, zu den Kirschen geben und 1 Minute unter Rühren aufkochen. Das Kompott umfüllen und abkühlen lassen.

Den kalten Brownie in kleine Würfel schneiden. Für die Creme in einer Schüssel das Eiweiß mit 1 Prise Salz steif schlagen, den Zucker einrieseln lassen und zu festem Schnee schlagen. In einer weiteren Schüssel die Mascarpone mit dem Schmand und dem Zitronensaft glatt rühren und den Eischnee unterheben.

Zum Servieren Mascarponecreme, Browniewürfel und Kirschen in Dessertgläser schichten. Den Kampot-Pfeffer im Mörser sehr fein zerstoßen und über das Dessert streuen.

CHILI

Für 2 Gläser à 250 ml | ZUBEREITUNGSZEIT 15 Minuten | ZIEHZEIT 1–2 Wochen

BIRNEN-CHILI-SENF

ZUTATEN

75 g braune Senfsaat
200 g gelbe Senfsaat
120 ml Weißweinessig
80 g Zucker
300 ml Birnensaft
½ TL Salz
2 TL Chiliflocken

ZUBEREITUNG

Die braune und gelbe Senfsaat in der Küchenmaschine 1 Minute lang fein mahlen. In einem Topf den Essig mit dem Birnensaft und dem Zucker aufkochen, die gemahlene Senfsaat, Salz und Chili unterrühren und die Mischung in die sterilisierten Gläser füllen. Mit sauberen Deckeln verschließen und 1–2 Wochen reifen lassen. In dieser Zeit bildet sich der typische Senfgeschmack und die angenehme Schärfe aus.

TIPP

Der Senf lässt sich auch mit fertig gemahlenem Senfmehl herstellen. Verwenden Sie den Senf für Dressings, Dips, Salatsaucen, zum Marinieren oder einfach pur. Er ist fruchtig-aromatisch und leicht scharf.

Für 2 Gläser à 250 ml | ZUBEREITUNGSZEIT 20 Minuten | GARZEIT 30 Minuten

APFEL-FEIGEN-CHUTNEY

ZUTATEN

3 Äpfel
2 Schalotten
4 frische Feigen
1 Stück Ingwer (ca. 30 g)
3 große rote Chilischoten
3 getrocknete Feigen
100 ml Weißwein
100 ml Apfelessig
120 g brauner Zucker
1 Zweig Rosmarin
1 TL Salz

ZUBEREITUNG

Die Äpfel waschen, entkernen und klein würfeln. Die Schalotten abziehen und würfeln. Die frischen Feigen waschen, den harten Stiel abschneiden und die Früchte würfeln. Den Ingwer schälen, die Chili waschen und beides klein hacken. Die getrockneten Feigen klein schneiden.

Äpfel, Schalotten, frische und getrocknete Feigen, Ingwer, Chili, Weißwein, Essig, Zucker, Rosmarin und Salz in einen breiten Topf geben und die Mischung unter Rühren aufkochen. Nun bei niedriger bis mittlerer Hitze etwa 30 Minuten dickflüssig einkochen.

Das Chutney heiß in sterilisierte Gläser füllen, mit Deckeln verschließen und abkühlen lassen. Das Chutney ist etwa 3 Monate haltbar, nach dem Öffnen im Kühlschrank aufbewahren.

TIPP

Das Chutney ist würzig und aromatisch, süßsäuerlich und pikant-scharf. Nicht nur zu Käse, auch für jedes andere Foodboard eine geniale Ergänzung.

Für 3 Gläser à 200 ml | ZUBEREITUNGSZEIT 15 Minuten | GARZEIT 50 Minuten
RUHEZEIT 30 Minuten

AJVAR – MILD UND SCHARF

ZUTATEN

2 kg rote Paprikaschoten
2 Auberginen
75 ml Olivenöl
5 Knoblauchzehen
2–3 kleine rote Chilischoten
1 TL Salz
30 ml Weißweinessig

ZUBEREITUNG

Den Backofen auf 230 °C Ober-/Unterhitze vorheizen. Die Paprika waschen und rundum mit Olivenöl bestreichen. Die Auberginen waschen, rundum mit einer Rouladennadel einstechen und mit Olivenöl bestreichen.

Beide Gemüsesorten auf ein Backblech legen und im vorgeheizten Backofen etwa 30 Minuten garen. Sobald die Schale schwarz wird und Blasen wirft, das Backblech aus dem Ofen holen und mit einem umgedrehten Backblech abdecken. Nun 30 Minuten ruhen lassen.

Anschließend die Paprika häuten, entkernen und die Stielansätze entfernen. Die Schoten in einen Mixer geben. Die Auberginen ebenfalls häuten und den Stielansatz entfernen. Das Fruchtfleisch grob zerteilen und zur Paprika in den Mixer geben. Die Knoblauchzehen abziehen, die Chilischoten waschen und die Stielansätze entfernen. Beides zum Gemüse geben. Mit dem Olivenöl aufgießen, Salz und Essig zugeben und die Zutaten pürieren.

Die Mischung in einen Topf umfüllen und unter Rühren 20 Minuten einkochen. Das Ajvar heiß in sterilisierte Gläser füllen, verschließen und abkühlen lassen.

TIPP

Für eine milde Variante die Chilischoten weglassen und das Ajvar mit ½ TL rotem Tabasco würzen.

Für 2 Gläser à 500 ml | ZUBEREITUNGSZEIT 20 Minuten | GARZEIT 30 Minuten

FRUCHTIG-SCHARFES LETSCHO

ZUTATEN

500 g weiße Spitzpaprika
500 g rote Spitzpaprika
2 Gemüsezwiebeln
4 EL Olivenöl
2 TL Salz
2 EL Zucker plus mehr zum Würzen
2 TL edelsüßes Paprikapulver
2 TL Paprikapulver rosenscharf
1 TL geräuchertes Paprikapulver
500 g passierte Tomaten
frisch gemahlener schwarzer Pfeffer
1–2 EL Weißweinessig

ZUBEREITUNG

Die Paprika waschen, entkernen, vom Stielansatz befreien und in Streifen schneiden. Die Zwiebeln abziehen und in grobe Würfel schneiden.

In einem Topf das Olivenöl erhitzen und das Paprikagemüse mit den Zwiebeln darin anschwitzen. Salz, Zucker und die drei Sorten Paprikapulver zugeben und mit anschwitzen. Die passierten Tomaten auffüllen und das Gemüse mit aufgelegtem Deckel 20 Minuten bei mittlerer Hitze garen. Das Letscho mit Salz, Pfeffer, Zucker und Essig abschmecken.

Das Letscho kann warm als Hauptgericht, zum Beispiel mit Reis oder Hülsenfrüchten, oder kalt als Antipasto oder zur Brotzeit serviert werden. Es ist außerdem fester Bestandteil in Soljanka, einem ostdeutschen Reste-Eintopf.

Für 2 Gläser à 500 ml | ZUBEREITUNGSZEIT 20 Minuten | GARZEIT 30 Minuten
ZIEHZEIT 1–2 Wochen

EINGEMACHTE PFEFFERSCHOTEN

ZUTATEN

300 ml Weißweinessig
120 g Zucker
2 TL Salz
1 kg Pfefferschoten (auch Pfefferoni)
1 TL schwarze Pfefferkörner
4 Sternanis
2 Zweige Rosmarin

ZUBEREITUNG

In einem Topf den Weißweinessig mit 300 ml Wasser, dem Zucker und dem Salz aufkochen. Die Pfefferschoten gründlich waschen und in zwei sterilisierte Gläser einschichten. Die Pfefferkörner, Sternanis und Rosmarin gleichmäßig auf die Gläser verteilen und mit dem frisch aufgekochten Sud aufgießen. Die Gläser verschließen und abkühlen lassen.

Die Pfefferschoten 1–2 Wochen ziehen lassen, dann können sie verzehrt werden. Sie passen sehr gut zur Brotzeit, kleingeschnitten in Salate oder Dips.

TIPP

Auf diese Art lassen sich auch viele andere Gemüsesorten einlegen, etwa Karotten, Blumenkohl, Stangensellerie, Rote Bete uvm. Festere Gemüsesorten, wie Kohlrabi oder Blumenkohl, vor dem Einlegen in kochendem Wasser bissfest garen.

Für 200 ml | ZUBEREITUNGSZEIT 20 Minuten | GARZEIT 30 Minuten
MARINIERZEIT über Nacht

BBQ-MARINADE MIT CHILI UND CHICKENWINGS

ZUTATEN

Für die BBQ-Marinade

2 Knoblauchzehen
1 TL Koriandersaat
1 TL gelbe Senfsaat
50 ml Sojasauce
2 EL Tomatenmark
100 ml Apfelsaft
2 EL Weißweinessig
50 ml Olivenöl
½ TL Salz
2 EL brauner Zucker
1 TL edelsüßes Paprikapulver
1 TL geräuchertes Paprikapulver
1 TL gemahlene, geräucherte Chipotle-Chili

Außerdem

1,2 kg Chickenwings
1 Limette, in Spalten
½ Bund frischer Koriander

ZUBEREITUNG

Für die BBQ-Marinade die Knoblauchzehen abziehen und fein reiben. Die Koriander- und die Senfsaat im Mörser fein zerstoßen. In einem Topf Knoblauch, Gewürze, Sojasauce, Tomatenmark, Apfelsaft, Essig, Olivenöl, Salz, Zucker, Paprikapulver und Chili verrühren. Die Mischung aufkochen und 10 Minuten leise köcheln. Umfüllen und kalt stellen.

Für die Chickenwings die Hähnchenflügel kalt abbrausen, trockentupfen und mit der Marinade in eine große Vorratsdose geben. Alles gut vermengen und über Nacht im Kühlschrank ziehen lassen.

Am nächsten Tag die Chickenwings auf einem Backblech verteilen. Den Backofen auf 220 °C Ober-/Unterhitze vorheizen. Die Wings darin etwa 40 Minuten garen. Anschließend auf einer Platte verteilen und mit Limettenspalten und Koriander servieren.

TIPP

Die Schärfe der Marinade lässt sich durch die Menge an Chipotle-Chili steuern. Sie eignet sich unter anderem zum Marinieren von Hähnchen, Rind, Schwein oder Tofu.

Für 4 Personen | ZUBEREITUNGSZEIT 20 Minuten

TOMATEN-MANGO-SALAT MIT GERÄUCHERTEN CHILIFLOCKEN

ZUTATEN

1 Salatgurke
Salz
1 Mango
250 g Kirschtomaten
2 Frühlingszwiebeln
2 TL geräucherte Chiliflocken
3 EL Apfelessig
2 TL Honig
1 TL mittelscharfer Senf
3 EL Olivenöl
4 Stängel Koriander

ZUBEREITUNG

Die Salatgurke waschen und würfeln. In einer Schüssel mit 2 Prisen Salz vermengen und 5 Minuten Wasser ziehen lassen. Die Mango schälen und klein würfeln. Die Fruchtfleischreste vom Kern herunterschneiden und in ein hohes Gefäß geben. Die Tomaten waschen und vierteln. Die Frühlingszwiebeln putzen, waschen und in Ringe schneiden. Alle vorbereiteten Zutaten in eine Schüssel geben. Die Gurken abgießen und ebenfalls zugeben.

Für das Dressing Chiliflocken, Apfelessig, Honig, Senf, 2 Prisen Salz und das Öl zur Mango in den Mixbecher geben und pürieren. Den Salat damit vermischen und in Schalen verteilen. Den Koriander waschen, trockentupfen und über den Salat streuen.

Für 4 Personen | ZUBEREITUNGSZEIT 40 Minuten | GARZEIT 35 Minuten

KICHERERBSEN-CURRY MIT SELBST GEMACHTER CURRYPASTE

ZUTATEN

Für die Currypaste (auf Vorrat)

1 TL Kreuzkümmelsaat
½ TL schwarze Pfefferkörner
2 TL Koriandersaat
1 TL Anissaat
4 grüne Kardamomkapseln, Samen ausgelöst
1 TL gelbe Senfsaat
3 Knoblauchzehen
1 Gemüsezwiebel
3 rote Chilischoten
50 g Ingwer
30 g Kurkumawurzel
½ TL Salz
50 ml Olivenöl

Für das Curry

3–4 vorwiegend festkochende Kartoffeln
5 Karotten
2 Zwiebeln
2 Knoblauchzehen
2 EL Olivenöl
2 EL Currypaste (siehe oben)
1 Dose Kichererbsen (400 g Abtropfgewicht)
2 EL Tomatenmark
250 ml Gemüsebrühe
400 ml Kokosmilch
4 Frühlingszwiebeln
frisch gemahlener schwarzer Pfeffer
Salz
Saft von 1 Limette

ZUBEREITUNG

Für die Currypaste die Gewürze im Mörser fein zerstoßen. Den Knoblauch und die Zwiebel abziehen und grob zerteilen. Die Chilischoten waschen, die Stielansätze entfernen. Den Ingwer und die Kurkuma dünn abschälen und hacken.

Die Gewürzmischung, die übrigen vorbereiteten Zutaten und das Salz in der Küchenmaschine fein zerkleinern. Dabei immer wieder die Reste von den Seitenwänden nach unten schieben und weiter zerkleinern, bis eine homogene Paste entstanden ist.

In einem Topf das Öl erhitzen und die Currypaste darin unter Rühren 2–3 Minuten rösten. Dann in ein sterilisiertes Glas umfüllen und im Kühlschrank aufbewahren.

Für das Curry die Kartoffeln und die Karotten schälen und würfeln. Die Zwiebeln und den Knoblauch abziehen und hacken. In einem großen Topf das Öl erhitzen, Zwiebeln, Knoblauch und Currypaste darin anschwitzen. Kartoffeln, Karotten und abgegossene Kichererbsen zugeben und ebenfalls anschwitzen. Das Tomatenmark zufügen und unter Rühren anrösten. Mit Brühe und Kokosmilch aufgießen und aufkochen. Das Curry auf mittlerer Hitze 25–30 Minuten köcheln.

Die Frühlingszwiebeln waschen und in Ringe schneiden. Das Curry mit Salz, Pfeffer und etwas Limettensaft würzen und mit Frühlingszwiebeln bestreut servieren.

Für 4 Personen | ZUBEREITUNGSZEIT 20 Minuten | GARZEIT 15 Minuten

SPAGHETTI AGLIO, OLIO E PEPERONCINI

ZUTATEN

500 g Spaghetti
Salz
3 Knoblauchzehen
1 Zwiebel
6 EL Olivenöl
frisch gemahlener schwarzer Pfeffer
Parmesan zum Servieren

ZUBEREITUNG

Die Spaghetti in reichlich kochendem, gut gesalzenem Wasser al dente garen. Inzwischen den Knoblauch und die Zwiebel abziehen, den Knoblauch in Scheiben schneiden, die Zwiebel würfeln.

In einer breiten Pfanne das Olivenöl erhitzen, die Zwiebel und den Knoblauch darin 5 Minuten goldbraun anbraten. Die Spaghetti abgießen und mit in die Pfanne geben. Mit Salz und Pfeffer würzen. Alles gut vermengen und in tiefen Tellern anrichten. Den Parmesan darüber hobeln.

Für Schärfe-Liebhaber: zusätzlich Chiliöl über die Pasta träufeln.

CHILIÖL SELBER MACHEN

Ein hochwertiges, kalt gepresstes Olivenöl mit getrockneten Chiliflocken oder Chilipulver mischen. Etwa 1 Woche durchziehen lassen, abseihen und verwenden.

Frische Chilis vor dem Einlegen sterilisierten, um Keime abzutöten. Dafür Chilischoten entstielen, bei 180 °C Ober-/Unterhitze im Backofen etwa 20 Minuten trocknen und garen. Nach dem Abkühlen häuten und in Öl einlegen. Etwa 1 Woche durchziehen lassen und anschließend abseihen.

Microplane
BLADE MADE IN USA

Für 4 Personen | ZUBEREITUNGSZEIT 20 Minuten | GARZEIT 20 Minuten

CHILI CON TOFU MIT KAKAONIBS

ZUTATEN

1 Aubergine
2 Zucchini
Salz
1 Zwiebel
4 EL Olivenöl
300 g Tofuschnetzel (für »Hack«)
3 TL Sambal Oelek (indonesische Würzsauce auf Chili-Basis)
1 kleine Dose Mais (Abtropfgewicht 120 g)
1 kleine Dose Kidneybohnen (Abtropfgewicht 260 g)
1 TL Paprikapulver rosenscharf
1 TL geräuchertes Paprikapulver
1 TL getrockneter Oregano
400 g stückige Tomaten (Konserve)
200 ml Gemüsebrühe
frisch gemahlener schwarzer Pfeffer
1–2 EL Kakaonibs

ZUBEREITUNG

Die Aubergine und die Zucchini waschen, die Enden abschneiden, beides klein würfeln und mit 1 gestrichenen TL Salz vermengen, damit dem Fruchtfleisch Wasser entzogen wird. Die Zwiebel abziehen und würfeln. Die Tofuschnetzel nach Packungsanleitung einweichen, anschließend abgießen. Das Gemüse ebenfalls abgießen.

In einer großen Pfanne 2 EL Olivenöl erhitzen und das Gemüse darin 5–8 Minuten braun braten. Das Gemüse umfüllen.

Erneut 2 EL Olivenöl in die Pfanne geben und die Tofuschnetzel darin braun braten. Die Zwiebel und das Sambal Oelek zum Tofu geben und anschwitzen. Auberginen-Zucchini-Mischung, abgegossenen Mais und Bohnen, Gewürze, stückige Tomaten und Brühe hinzufügen und kurz aufkochen. Das Chili 10 Minuten leise köcheln, mit Salz und Pfeffer würzen, zuletzt die Kakaonibs unterrühren.

Das Chili in Schalen anrichten. Nach Belieben mit Brot, Reis oder einem Salat servieren.

Für 4 Personen | ZUBEREITUNGSZEIT 30 Minuten | GARZEIT 20 Minuten

TACOS MIT SÜSS-SCHARFEM BOHNEN-RAGOUT

ZUTATEN

Für das Ragout

2 Dosen Kidneybohnen (Abtropfgewicht 260 g)
1 Dose Mais (Abtropfgewicht 285 g)
2 rote Zwiebeln
1 Knoblauchzehe
2 EL Olivenöl
2 TL Harissa (nordafrikanische Paste oder Gewürzmischung)
1 EL Tomatenmark
2 EL Honig
1 EL Butter
1 TL Salz
frisch gemahlener schwarzer Pfeffer
400 g stückige Tomaten (Konserve)
1 Bund Petersilie

Außerdem

12 Tacoschalen oder 8 Tortillafladen
150 g Cheddar, gerieben
½ Salatgurke
2 rote Zwiebeln
1 Bund Koriander

ZUBEREITUNG

Die Bohnen und den Mais abgießen. Die Zwiebeln und den Knoblauch abziehen und würfeln.

In einer Pfanne das Olivenöl erhitzen und die Zwiebeln und den Knoblauch 5 Minuten goldbraun anschwitzen. Harissa, Tomatenmark, Honig, Butter, Salz und 2–3 Prisen Pfeffer zugeben und alles zusammen anrösten. Bohnen, Mais und Tomaten zur Zwiebelmischung geben, erhitzen und 5 Minuten köcheln.
Die Petersilie waschen, trockentupfen, hacken und unter das Gemüse mischen.

Den Backofen auf 180 °C Ober-/Unterhitze vorheizen. Die Gurke waschen und würfeln. Die roten Zwiebeln abziehen und würfeln. Die Taco-Schalen oder die Tortillafladen im Backofen kurz erwärmen. Dann mit dem Ragout füllen, mit Cheddar, Gurken- und Zwiebelwürfeln und Koriander bestreuen und frisch servieren. Für zusätzliche Schärfe noch 1–2 kleingeschnittene frische Chilis dazu reichen.

Für 4 Personen | ZUBEREITUNGSZEIT 30 Minuten | GARZEIT 60 Minuten

CURRYWURST »HOT«

ZUTATEN

Für die scharfe Currysauce (auf Vorrat)

2 kg Tomaten
3 Gemüsezwiebeln
4 Knoblauchzehen
1 TL Koriandersaat
1 TL gelbe Senfsaat
½ TL schwarze Pfefferkörner
3 Gewürznelken
4 EL Olivenöl
120 ml Apfelessig
100 g brauner Zucker
1 TL Salz
2 EL scharfes Currypulver
2 TL gemahlene geräucherte Chipotle-Chili

Außerdem

4 Bratwürste
2 EL neutrales Pflanzenöl
Currypulver zum Bestreuen
Pommes zum Servieren

ZUBEREITUNG

Für die Currysauce die Tomaten waschen, den Stielansatz herausschneiden und die Haut einritzen. Die Tomaten blanchieren, in Eiswasser abschrecken und häuten. Dann samt Kernen grob zerteilen und in eine Schüssel geben. Die Zwiebeln und den Knoblauch abziehen und würfeln. Die Gewürze im Mörser fein zerstoßen.

In einem Topf das Olivenöl erhitzen, die Zwiebeln und den Knoblauch darin 5 Minuten anschwitzen. Die Gewürze zugeben und kurz rösten. Die Tomaten, den Essig, Zucker und Salz zugeben und die Mischung 30 Minuten unter Rühren kochen, bis die Tomaten weich sind.

Die Mischung in der Küchenmaschine fein pürieren und wieder in den Topf geben. (Alternativ die Sauce etwas abkühlen lassen und direkt im Topf mit einem Stabmixer pürieren.) Currypulver und Chilipulver zugeben und unter Rühren bei mittlerer Hitze etwa 20 Minuten dickflüssig einkochen. Bei diesem Schritt die Temperatur so steuern, dass die Sauce nicht anbrennt und nicht zu sehr spritzt, aber dennoch einkocht. Die fertige Sauce in Gläser füllen und abkühlen lassen.

In einer Pfanne im heißen Öl die Bratwürste rundum braun braten oder auf dem Grill garen. Dann mit der Currysauce auf Teller verteilen und mit mehr Currypulver bestreuen. Am besten mit knusprigen Pommes servieren.

Für 4 Personen | ZUBEREITUNGSZEIT 30 Minuten | GARZEIT 60 Minuten

POLLO DIABOLO

ZUTATEN

1 Hähnchen (ca. 1,2 kg)
2–3 TL Peperoncini (getrocknete scharfe Chilis, gehackt mit Kernen)
2 TL Oregano
1 TL Knoblauchgranulat
2 TL Salz
frisch gemahlener schwarzer Pfeffer
6 EL Olivenöl
800 g vorwiegend festkochende Kartoffeln
300 g Kirschtomaten
2 rote Paprikaschoten
3 rote Zwiebeln
5 Zweige Thymian
1 TL Kurkuma
1 TL edelsüßes Paprikapulver
1 Zitrone, in Spalten

ZUBEREITUNG

Das Hähnchen am Rückgrat mit der Geflügelschere aufschneiden und das Rückgrat entfernen. Das Hähnchen mit der Fleischseite nach unten auf ein tiefes Backblech legen und am Brustbein nach unten drücken, damit dass Huhn schön flach liegt. In einer kleinen Schüssel die Peperoncini mit Oregano, Knoblauchgranulat, 1 TL Salz, 2–3 Prisen Pfeffer und 2 EL Olivenöl verrühren. Das Hähnchen mit der Gewürzpaste rundum bestreichen.

Den Backofen auf 180 °C Ober-/Unterhitze vorheizen. Die Kartoffeln waschen und in Stücke schneiden. Die Tomaten waschen und halbieren. Die Paprika waschen, entkernen und würfeln. Die Zwiebeln abziehen und in Spalten schneiden.

Das vorbereitete Gemüse erst in einer großen Schale mit dem übrigen Olivenöl (4 EL), 1 TL Salz, abgezupftem Thymian, Kurkuma und Paprikapulver vermischen, dann um das Hähnchen auf dem Backblech verteilen. Das Hähnchen mit dem Gemüse 60 Minuten im Ofen garen.

Anschließend das Fleisch in Stücke teilen, mit dem Gemüse anrichten und servieren. Die Zitronenspalten dazu reichen.

Für 4 Personen | ZUBEREITUNGSZEIT 30 Minuten | GARZEIT etwa 18 Stunden
BACKZEIT 10–12 Minuten pro Stück

PIZZA PEPERONI

ZUTATEN

600 g Weizenmehl Tipo 00 (ersatzweise Type 550)
2 g frische Hefe
2 EL Olivenöl plus mehr zum Bestreichen
Salz
1 Knoblauchzehe
250 g Mascarpone
Abrieb von ½ unbehandelten Zitrone
150 g Peperonisalami, in Scheiben
1 rote Zwiebel, in Ringe
2 TL Oregano
2 Handvoll Babyspinat

ZUBEREITUNG

Für den Teig das Mehl in die Knetschüssel geben, die Hefe dazubröckeln, 320 ml lauwarmes Wasser, das Olivenöl und 1 ½ TL Salz zugeben. In der Küchenmaschine 10 Minuten zu einem glatten Teig kneten. Den Teig zu einer Kugel formen, mit Olivenöl bestreichen und in einer Schüssel abgedeckt 30 Minuten an einem warmen Ort gehen lassen. Dann den Teig im Kühlschrank über Nacht (etwa 12 Stunden) ruhen lassen.

Am nächsten Tag den Teig 3 Stunden vor der Zubereitung aus dem Kühlschrank nehmen, in 4 Stücke teilen und diese zu Kugeln formen. Auf ein mit Backpapier ausgelegtes Backblech legen und mit einem umgedrehten Backblech abdecken. Bei Zimmertemperatur 2–3 Stunden gehen lassen.

Den Knoblauch abziehen und reiben. In einer Schüssel Mascarpone, Zitronenabrieb, Knoblauch und ½ TL Salz verrühren. Gegen Ende der Gehzeit den Backofen auf 300 °C Ober-/Unterhitze (bzw. die höchstmögliche Temperatur des Backofens) vorheizen. Wer einen Pizza-/Backstein zu Verfügung hat, kann ihn im Backofen mit aufheizen.

Den Teig auf die gut bemehlte Arbeitsfläche geben und mit den Fingern behutsam zu einer runden Pizza ausziehen, dann 5 Minuten ruhen lassen. Den Teig mit einem Teil der Mascarpone bestreichen, dabei einen breiteren Rand stehen lassen. Mit der Peperonisalami und den Zwiebeln belegen. Die Pizza im heißen Backofen auf einem Backblech oder dem Pizzastein 10–12 Minuten backen. Die übrigen Pizzen ebenso backen. Kurz vor dem Servieren mit Oregano bestreuen und mit Spinatblättern garnieren. In Stücke schneiden und heiß servieren.

Für 4 Personen | ZUBEREITUNGSZEIT 30 Minuten | GARZEIT etwa 2 Stunden

UNGARISCHES GULASCH

ZUTATEN

500 g Zwiebeln
500 g rote Paprika
4 EL Olivenöl
700 g Rindergulasch
2 EL Tomatenmark
2 TL Paprikapulver rosenscharf
2 TL edelsüßes Paprikapulver
400 ml Fleischbrühe
2 Lorbeerblätter
Salz
4 Zweige Thymian
frisch gemahlener schwarzer Pfeffer
Schmand zum Servieren

ZUBEREITUNG

Die Zwiebeln abziehen und würfeln. Die Paprika waschen, vom Stielansatz befreien, entkernen und würfeln. In einem ofenfesten Bräter 2 EL Öl erhitzen und das Gulasch darin in 2 Portionen jeweils kräftig anbraten, anschließend in einer Schale beiseitestellen. Weitere 2 EL Öl erhitzen, die Zwiebeln und die Paprika darin 10 Minuten anschwitzen.

Inzwischen den Backofen auf 160 °C Ober-/Unterhitze vorheizen. Zunächst das Tomatenmark zum Gemüse geben und unter Rühren rösten. Dann die beiden Sorten Paprikapulver hinzufügen und unterrühren. Das Fleisch wieder zugeben und mit der Brühe aufgießen. Lorbeer, 2 TL Salz und den Thymian zugeben und das Gulasch mit aufgelegtem Deckel im vorgeheizten Backofen etwa 1,5–2 Stunden schmoren. Zum Schluss Lorbeer und Thymian entfernen, die Sauce mit Salz und Pfeffer abschmecken.

Zum Servieren Schmand reichen. Dazu passen Salzkartoffeln, Spätzle oder Butternudeln.

Für etwa 12 Stücke | ZUBEREITUNGSZEIT 10 Minuten | BACKZEIT 25–30 Minuten

SCHOKO-CHILI-CAKE

ZUTATEN

150 g brauner Zucker
75 g Backkakao plus mehr zum Bestauben
100 g gemahlene Mandeln
200 g Weizenmehl Type 405
½ TL Salz
3 Eier
200 ml neutrales Pflanzenöl
100 ml Milch
100 g Zartbitterschokolade mit Chili

ZUBEREITUNG

Den Backofen auf 175 °C Ober-/Unterhitze vorheizen. Den Boden einer Springform (20 cm ø) mit Backpapier bespannen oder die Form einfetten.

In einer Schüssel den Zucker mit Backkakao, Mandeln, Weizenmehl und Salz mischen. Die Eier, das Öl und die Milch zugeben und alles verrühren. Die Schokolade in kleine Stücke hacken, ebenfalls zugeben und unterheben.

Den Teig in die vorbereitete Springform füllen. Im vorgeheizten Backofen auf dem mittleren Einschub etwa 25 Minuten backen. Der Kuchen sollte innen noch klebrig und feucht sein. Bei der Stäbchenprobe darf reichlich Schokomasse hängenbleiben, das macht den Kuchen nach dem Abkühlen schön »fudgy«.

Den Kuchen in der Form auskühlen lassen, anschließend herauslösen, mit Kakao bestauben, in Stücke schneiden und servieren. Er bleibt mehrere Tage saftig, am besten im Kühlschrank oder in einem kühlen Raum lagern.

Für 3 Flaschen à 300 ml | ZUBEREITUNGSZEIT 20 Minuten

SCHOKOLIKÖR MIT EINEM HAUCH SCHÄRFE

ZUTATEN

Für den Likör

100 g Zartbitterkuvertüre (mind. 70 % Kakaopulver)
200 g Kaffeesahne
80 g Zucker
40 g Kakaopulver
400 ml klarer Schnaps (38 % Vol., z.B. Doppelkorn, Wodka, klarer Obstler)
½–1 TL Cayennepfeffer

Außerdem

Flaschen mit passenden Deckeln

ZUBEREITUNG

Die Flaschen sterilisieren und frische Deckel bereitlegen. Die Kuvertüre hacken. In einem Topf die Kaffeesahne mit dem Zucker und dem Kakao erhitzen und glatt rühren. Den Topf vom Herd ziehen, die Kuvertüre darin schmelzen und mit dem Stabmixer sämig pürieren. Die Mischung abkühlen lassen.

Dann den Schnaps unterrühren und nach und nach Cayennepfeffer zugeben, bis eine angenehme Schärfe zu schmecken ist. Den Likör durch einen Trichter in die Flaschen füllen. Abkühlen lassen. Gekühlt servieren. Kühl aufbewahrt ist der Likör 1–2 Monate haltbar.

Für 3 Gläser à ca. 500 ml | ZUBEREITUNGSZEIT 30 Minuten plus 5–6 Stunden zum Einsalzen | FERMENTIERZEIT etwa 7 Tage | ZIEHZEIT 1–2 Wochen

KIMCHI

ZUTATEN

1 großer Chinakohl (1,5–2 kg)
Meersalz (Salzmenge abwiegen, entsprechend der Kohlmenge)
1 großes Stück Ingwer (ca. 50 g)
3 Knoblauchzehen
3 Frühlingszwiebeln
2 EL rote Chiliflocken (z.B. Sorte Gochugaru)
1 EL brauner Zucker

Außerdem

sterilisierte Schraub- oder Weckgläser mit passenden Deckeln
Stößel oder Kochlöffel
Gärgewichte (z.B. saubere und ausgekochte Steine, Glasdeckel, mit Wasser gefüllte Gefrierbeutel)

ZUBEREITUNG

Den Chinakohl waschen, trockentupfen und der Länge nach vierteln. Den Strunk herausschneiden, die Blätter in 5 cm breite Stücke schneiden. Den Kohl abwiegen, auf 1 kg Kohl 20 g Salz geben. Den Chinakohl in einer großen Schüssel oder Schale einsalzen. Kräftig durchkneten und 5–6 Stunden bei Zimmertemperatur abgedeckt Wasser ziehen lassen.

Inzwischen den Ingwer schälen und hacken. Den Knoblauch abziehen und ebenfalls hacken. Die Frühlingszwiebeln waschen, putzen und in Stücke schneiden. Nun Ingwer, Knoblauch, Frühlingszwiebeln, Chiliflocken und Zucker in einer Schale gründlich durchkneten. Da der Chili durch das kräftige Kneten Hautreizungen verursachen kann, am besten Einweghandschuhe tragen. Im Anschluss den Chinakohl mit der Chili-Mischung gründlich vermengen. Nun die Blätter zu kleinen Stapeln zusammenlegen und in die vorbereiteten Gläser einschichten. Dabei gut andrücken, um Lufteinschlüsse zu vermeiden. Den übrigen Sud aufgießen, die Blätter nach unten drücken, so dass sie gut bedeckt sind und mit Gärgewichten beschweren.

Bei Bügelverschlussgläsern nun den Gummiring einsetzen und verschließen. Schraubdeckel nur locker aufsetzen, sodass entstehende Gase entweichen können. Die Gläser auf Teller oder in eine Schale stellen, bei etwa 18–24 °C gären lassen. Nach etwa 1–2 Tagen (je nach Temperatur) startet die Fermentation und kleine Bläschen steigen im Kraut auf. Nun für 5–7 Tage ziehen lassen. Nach etwa 7 Tagen die Gläser kühl stellen (so sind sie schon bereit zum Verschenken). Nach Belieben im kühlen Keller oder im Kühlschrank weitere 1–2 Wochen ziehen lassen. Kimchi schmeckt als Beilage, im Salat oder Sandwich.

MEERRETTICH

Für 4 Personen | ZUBEREITUNGSZEIT 15 Minuten

MEERRETTICHAUFSTRICH

ZUTATEN

½ Bund Dill
400 g Frischkäse
Saft von ½ Zitrone
Salz
frisch gemahlener schwarzer Pfeffer
40 g frischer Meerrettich

Zum Servieren

dunkles Roggenbrot mit Kruste
1 Schale Gartenkresse

ZUBEREITUNG

Den Dill waschen, trockentupfen und klein hacken. In einer Schüssel den Frischkäse mit dem Dill, dem Zitronensaft sowie 2–3 Prisen Salz und Pfeffer glatt rühren. Den Meerrettich schälen, zum Frischkäse reiben und unterrühren.

Der Aufstrich passt perfekt zu dunklem Brot mit dicker Kruste. Mit Gartenkresse bestreuen.

Für 4 Personen | ZUBEREITUNGSZEIT 30 Minuten | ZIEHZEIT 5–6 Stunden

GEBEIZTE FORELLE MIT FRISCHEM MEERRETTICH

ZUTATEN

Für die Forelle

1 TL gelbe Senfsaat
1 TL Koriandersaat
2 EL Salz
3 EL brauner Zucker
2 cl Gin
Abrieb von ½ unbehandelten Zitrone
1 Stück frische Meerrettichwurzel (2 cm)
4 Forellenfilets, mit Haut, entgrätet

Außerdem

1 Salatgurke
1 Apfel
1 Schalotte
1 EL Apfelessig
2 EL Olivenöl
1 Prise Salz
frisch gemahlener schwarzer Pfeffer
2 Prisen Zucker
½ Bund Schnittlauch
2 EL getrocknete Cranberrys, gehackt
1 Beet Gartenkresse, abgeschnitten
2–3 Stängel Kerbel

ZUBEREITUNG

Für die Beize die Senfsaat und die Koriandersaat im Mörser zerstoßen. In einer Schüssel Salz, Zucker, Gewürze, Gin und Zitronenabrieb verrühren. Den Meerrettich schälen, dazu reiben und unter die Beize mischen. Zwei der Forellenfilets mit der Hautseite nach unten in eine Auflaufform legen, die Beize darauf verteilen, die übrigen beiden Filets mit der Fleischseite nach unten auf die Gewürzmischung legen und andrücken. Nun mit einem Stück Frischhaltefolie abdecken und mit einem Brett beschweren. Die Filets im Kühlschrank 5–6 Stunden beizen.

Anschließend die Forellenfilets kalt abspülen und trockentupfen. Die Filets von der Haut trennen und in Stücke schneiden. Die Gurke und den Apfel waschen, den Apfel zusätzlich entkernen und beides klein würfeln. Die Schalotte abziehen und würfeln. In einer Schüssel Gurke, Apfel, Schalotte mit Essig, Olivenöl, Salz, Pfeffer und Zucker würzen. Den Schnittlauch waschen, klein schneiden und zusammen mit dem Schnittlauch unter den Salat mischen. Den Fisch auf Teller verteilen, Salat dazu anrichten, mit Cranberrys, Gartenkresse und Kerbel dekorieren.

TIPP

Für mehr Schärfe zusätzlich frischen Meerrettich über den Salat raspeln.

Für 4 Personen | ZUBEREITUNGSZEIT 20 Minuten | ZIEHZEIT 2–3 Stunden

RINDFLEISCHSALAT

ZUTATEN

400 g gekochtes Rindfleisch vom Vortag
1 rote Zwiebel
1 Apfel
3 Stängel Petersilie
3 EL Apfelessig
3 EL Kürbiskernöl
Salz
frisch gemahlener schwarzer Pfeffer
ca. 3 cm frische Meerrettichwurzel

ZUBEREITUNG

Das Rindfleisch zunächst in dünne Scheiben, dann in Streifen schneiden. Die Zwiebel abziehen und in Streifen schneiden. Den Apfel waschen, entkernen und würfeln. Die Petersilie waschen, trockentupfen und hacken.

In einer Schüssel Essig, Kürbiskernöl, 2–3 Prisen Salz und Pfeffer vermengen, dann die vorbereiteten Zutaten zugeben. Den Meerrettich schälen und hobeln oder reiben. Den Meerrettich zum Salat geben, unterrühren und abgedeckt im Kühlschrank gut durchziehen lassen. Zur Brotzeit servieren.

Für 4 Personen | ZUBEREITUNGSZEIT 30 Minuten | GARZEIT 15 Minuten

CRÊPE MIT MEERRETTICH-CREME, SALAT UND RÄUCHERFISCH

ZUTATEN

Für den Crêpeteig
200 g Weizenmehl Type 405
2 Eier
400 ml Milch
Salz
1 Msp. Backpulver
20 g Butter, geschmolzen

Für die Füllung
350 g Frischkäse
50 g frisch geriebener Meerrettich
Saft von 1 Limette
Salz
frisch gemahlener schwarzer Pfeffer

Außerdem
Öl zum Braten
150 g geräucherter Fisch (z.B. Forelle, Lachs oder Saibling)
2 EL Sonnenblumenkerne
100 g roter Mangold oder Babyspinat

ZUBEREITUNG

Für den Crêpeteig in einer Schüssel das Mehl mit den Eiern, der Milch, 2 Prisen Salz und dem Backpulver glatt rühren. Die Butter zugeben und unterrühren. Den Teig abgedeckt 30 Minuten ruhen lassen.

Inzwischen für die Füllung in einer Schüssel den Frischkäse mit dem Meerrettich und der Hälfte des Limettensafts verrühren. Kräftig mit Salz und Pfeffer abschmecken.

Eine flache Pfanne erhitzen, dünn mit Öl einfetten und eine Kelle Teig hineingeben. Durch Schwenken der Pfanne den Teig gleichmäßig darin verteilen und nun von beiden Seiten hell backen. Die fertigen Crêpes auf einem Teller stapeln. Den Räucherfisch in Stücke zupfen. Die Pinienkerne in einer kleinen Pfanne ohne Fett rösten.

Zum Füllen die Crêpes jeweils mit der Meerrettichcreme bestreichen, mit etwas Salat und kleingezupftem Räucherfisch belegen und aufrollen. Die Crêperollen 1 Stunde im Kühlschrank kalt stellen.

Kurz vor dem Anrichten die Rollen in Stücke schneiden und auf Teller verteilen. Die übrigen Salatblätter mit 1 Prise Salz, 1 Spritzer Limettensaft und 1 EL Olivenöl marinieren. Die Crêperöllchen mit dem Salat anrichten und die gerösteten Sonnenblumenkerne darüber streuen.

Für 4 Personen | ZUBEREITUNGSZEIT 30 Minuten | GARZEIT 10 Minuten

VEGETARISCHE PELMENI MIT MEERRETTICH-SAUERRAHM

ZUTATEN

Für den Teig

400 g Weizenmehl Type 405 plus mehr zum Bearbeiten
1 Eigelb
1 EL Pflanzenöl
½ TL Salz

Für die Füllung

2 Zwiebeln
2 EL Butter
4 Stängel Petersilie
3–4 gekochte Kartoffeln vom Vortag
Salz
frisch gemahlener schwarzer Pfeffer

Außerdem

1 Stück frische Meerrettichwurzel (ca. 2–3 cm)
Saft von ½ Zitrone
250 g Sauerrahm
1 Prise Zucker
50 g Butter

ZUBEREITUNG

Für den Teig in einer Schüssel das Mehl mit Eigelb, Öl, Salz und 150 ml Wasser zu einem glatten Teig verkneten. Abdecken und bei Zimmertemperatur 30 Minuten ruhen lassen.

Für den Sauerrahm den Meerrettich schälen und fein reiben. In einer kleinen Schüssel Sauerrahm, Zitronensaft, Meerrettich verrühren und mit 1 Prise Salz, Pfeffer und Zucker würzen.

Für die Füllung die Zwiebeln abziehen und würfeln. In einer Pfanne die Butter erhitzen und die Zwiebeln darin goldbraun anschwitzen. Die Petersilie waschen, trockentupfen und hacken. Die Kartoffeln pellen, in eine Schüssel reiben und mit den Zwiebeln, der Petersilie, 2–3 Prisen Salz und Pfeffer vermengen.

Den Teig auf der leicht bemehlten Arbeitsfläche dünn ausrollen, Kreise ausstechen (etwa 5 cm ø) und einen Teelöffel Füllung darauf geben. Die Ränder mit Wasser anfeuchten, zu Halbmonden zusammenklappen und gut andrücken. In einem großen Topf reichlich Wasser zum Kochen bringen, gut salzen und die Pelmeni darin 2–3 Minuten garen.

In einer Pfanne die Butter aufschäumen und bei mittlerer Hitze bräunen. Die fertigen Pelmeni mit einer Schaumkelle aus dem Topf heben und in der braunen Butter wenden. Zusammen mit dem Sauerrahm anrichten und zusätzlich mit frisch gehobeltem Meerrettich bestreut servieren.

Für 2 Gläser à 150 ml | ZUBEREITUNGSZEIT 5 Minuten

EINGEMACHTER MEERRETTICH – AUF VORRAT

ZUTATEN

1 frische Meerrettichwurzel (ca. 200 g)
1 TL Salz
2 TL Zucker
50 ml Apfelessig

ZUBEREITUNG

Den Meerrettich schälen und fein reiben. Zusammen mit dem Salz, Zucker und Essig vermischen und in sterilisierte Schraubgläser füllen. Im Kühlschrank aufbewahren und immer mit einem sauberen Löffel entnehmen.

TIPP

Damit der Meerrettich schön weiß bleibt, hilft etwas Knödelhilfe (unter dem Namen »Haco weiß« erhältlich). Ansonsten verfärbt er sich nach und nach grau.

MADE IN USA

Für 4 Personen | ZUBEREITUNGSZEIT 30 Minuten | RUHEZEIT 45 Minuten
GARZEIT 25 Minuten

KARTOFFEL-MEERRETTICH-BULETTEN MIT SÜSS-SAUREN CRANBERRYS

ZUTATEN

Für die Buletten

500 g Pellkartoffeln, vom Vortag
50 g Sonnenblumenkerne
120 g zarte Haferflocken
80 ml Milch
1 Ei
1 TL edelsüßes Paprikapulver
1 TL Oregano
2 EL eingemachter Meerrettich (Rezept siehe Seite 154, ersatzweise scharfer Meerrettich aus dem Glas)
Salz
frisch gemahlener schwarzer Pfeffer
100 g Semmelbrösel
neutrales Pflanzenöl zum Braten

Außerdem

200 g frische Cranberrys
2 EL Honig
200 ml Rotwein oder Kirschsaft
30 ml Rotweinessig
1 Zweig Rosmarin
120 g Feldsalat
2 EL Weißweinessig
1 TL Zucker
1 TL mittelscharfer Senf
2 EL Olivenöl

ZUBEREITUNG

Für die Buletten die Kartoffeln pellen und in Stücke schneiden. Die Sonnenblumenkerne hacken. In einer großen Schüssel Kartoffeln, Haferflocken, Milch, Ei, Paprikapulver, Oregano, Meerrettich, Sonnenblumenkerne, 1 TL Salz und etwas Pfeffer mit den Händen gut vermengen und abgedeckt 45 Minuten quellen lassen.

Für die Cranberrys die Früchte waschen und in einem Topf mit dem Honig, Rotwein, Essig und Rosmarin aufkochen, dann bei mittlerer Hitze dickflüssig einkochen. Mit Salz und Pfeffer würzen, beiseitestellen und abkühlen lassen.

Die Kartoffel-Haferflockenmasse in acht gleiche Portionen teilen und zu Buletten formen. Die Semmelbrösel in eine Schale füllen und die Buletten darin wenden und in einer Pfanne im heißen Öl anbraten. Bei mittlerer Hitze beidseitig braun und knusprig braten.

Den Feldsalat waschen, putzen und trockenschleudern. Für das Dressing den Essig mit Zucker, Senf, 1 Prise Salz und 3 EL Olivenöl verrühren und den Salat damit anmachen. Die Buletten mit den Cranberrys und dem Salat anrichten.

Für 4 Personen | ZUBEREITUNGSZEIT 30 Minuten | GARZEIT 1–1,5 Stunden

BAKED POTATO, MATJES UND ROTE BETE MIT MEER-RETTICH-SOUR-CREAM

ZUTATEN

4 große mehligkochende Ofenkartoffeln
3 Matjesfilets (ca. 250 g)
3 Knollen Rote Bete, vorgegart
1 Apfel
3 Stängel Dill
1 EL Dijonsenf
Saft von ½ Zitrone
frisch gemahlener schwarzer Pfeffer
250 g Sauerrahm (oder Schmand)
250 g Magerquark
1 Knoblauchzehe
½ TL Oregano
2 EL eingemachter Meerrettich (Rezept siehe Seite 154 oder aus dem Glas)
Salz
40 g Butter

ZUBEREITUNG

Den Backofen auf 180 °C Ober-/Unterhitze vorheizen. Die Kartoffeln waschen, rundum mit einer Rouladennadel einstechen und auf einem Backblech in den heißen Backofen schieben. Eine ofenfeste Schale Wasser mit in den Ofen stellen. Das Wasser verhindert, dass die Kartoffelschale eintrocknet. Im Backofen 1–1,5 Stunden garen. Mit einer Rouladennadel kann man prüfen, ob die Kartoffeln gar sind. Diese bis zur Mitte einstechen. Gleitet die Nadel ohne Widerstand hindurch, sind die Kartoffeln fertig.

Für den Matjessalat den Matjes, die Rote Bete und den Apfel würfeln. Den Dill waschen, trockentupfen und hacken. In einer Schüssel die Zutaten vermengen und mit dem Dijonsenf, dem Zitronensaft und etwas frisch gemahlenem Pfeffer würzen.

Für die Sour Cream den Knoblauch abziehen und reiben. In einer Schüssel Sauerrahm, Quark, Knoblauch, Oregano und Meerrettich glatt rühren. Mit Salz und Pfeffer abschmecken.

Die Kartoffeln mittig tief einschneiden, aufdrücken und das Innere mit einer Gabel etwas auflockern. Eine Butterflocke hineingeben und mit Matjessalat und der Sour Cream füllen.

Für 4 Personen | ZUBEREITUNGSZEIT 30 Minuten | KÜHLZEIT über Nacht
GARZEIT 1,5 Stunden

KALTER BRATEN MIT MEERRETTICHSAUCE

ZUTATEN

500 g Schweinenacken
Salz
frisch gemahlener schwarzer Pfeffer
250 ml Weißwein
3 Knoblauchzehen
2 Lorbeerblätter
1 TL Pfefferkörner
4 Pimentkörner
150 g süße Sahne
150 g Crème fraîche
3 EL eingemachter Meerrettich (Rezept siehe Seite 154 oder aus dem Glas)
Saft von ½ Zitrone
1 TL mittelscharfer Senf
1 TL Honig
2–3 Essiggurken, gewürfelt
2 rote Zwiebeln, gewürfelt
1 Schale Gartenkresse, abgeschnitten
Brot zum Servieren

ZUBEREITUNG

Den Backofen auf 160 °C Umluft vorheizen. Den Schweinenacken kräftig salzen und pfeffern, in einen Bräter legen, den Weißwein und 150 ml Wasser angießen. Den Knoblauch mit Schale halbieren und zusammen mit dem Lorbeer, den Pfefferkörnern und dem Piment zugeben. Das Fleisch mit aufgelegtem Deckel im vorgeheizten Backofen 1,5 Stunden garen. Anschließend zunächst bei Zimmertemperatur abkühlen lassen. Dann über Nacht im Kühlschrank gut durchkühlen.

Am nächsten Tag in einer Schüssel die Sahne steif schlagen und mit Crème fraîche, Meerrettich, Zitronensaft, Senf, Honig und etwas Salz verrühren.

Den Braten in dünne Scheiben schneiden und auf einer Platte auslegen. Mit der Meerrettichsauce überziehen, die Gurken- und Zwiebelwürfel sowie die abgeschnittene Kresse darüber streuen. Mit Brot servieren.

Für 4 Personen | ZUBEREITUNGSZEIT 30 Minuten | GARZEIT 1,5 Stunden
KÜHLZEIT über Nacht

MEERRETTICH-MOUSSE MIT FELDSALAT UND PREISELBEEREN

ZUTATEN

4 Blätter weiße Gelatine
150 g süße Sahne
400 g Sahnequark
50 g frisch geriebener Meerrettich
Saft und Abrieb von 1 unbehandelten Limette
½ TL Salz
100 g Pflücksalat
Saft von ½ Zitrone
1 TL Honig
1 EL Walnussöl
2–3 EL Preiselbeeren aus dem Glas
4 Silikon-Muffinformen

ZUBEREITUNG

Die Gelatine in kaltem Wasser einweichen. 3 EL der Sahne abnehmen und in einen kleinen Topf geben. Die übrige Sahne steif schlagen. In einer Schüssel den Quark mit dem geriebenen Meerrettich, dem Limettenabrieb und -saft sowie Salz glatt rühren. Die Sahne im Topf erwärmen und die gut ausgedrückte Gelatine darin auflösen. Die aufgelöste Gelatine-Mischung zur Quarkmischung geben und unterrühren. Zuletzt die geschlagene Sahne unterheben und die Mousse in die Förmchen füllen. Abgedeckt im Kühlschrank mindestens 6 Stunden, besser über Nacht festwerden lassen.

Den Pflücksalat waschen und trockenschleudern. In einer Schüssel Zitronensaft, Honig, Walnussöl und 1 Prise Salz vermengen und mit dem Salat vermischen. Die Preiselbeeren glatt rühren.

Zum Anrichten die Mousse aus den Förmchen lösen und auf Teller setzen. Den Salat und die Preiselbeeren rund um die Mousse verteilen und servieren.

Für 4 Personen | ZUBEREITUNGSZEIT 20 Minuten | GARZEIT 15 Minuten

TAGLIATELLE MIT RÄUCHERLACHS UND MEERRETTICH

ZUTATEN

400 g frische Tagliatelle
Salz
2 Schalotten
150 g Räucherlachs
2 EL Olivenöl
100 g Crème fraîche
frisch gemahlener schwarzer Pfeffer
2 Stängel Petersilie
1 Stück frische Meerrettichwurzel (2–3 cm)
Saft von ½ Zitrone

ZUBEREITUNG

Die Tagliatelle in reichlich kochendem, gut gesalzenem Wasser al dente garen. Inzwischen die Schalotten abziehen und würfeln. Den Räucherlachs würfeln. In einer breiten Pfanne das Olivenöl erhitzen. Zunächst die Schalotten darin anschwitzen und dann den Lachs zugeben. Ebenfalls kurz anschwitzen und mit einer Kelle Nudelwasser und Crème fraîche verrühren. Die Sauce mit Salz und Pfeffer würzen.

Die Petersilie waschen, trockentupfen und hacken. Den Meerrettich schälen und reiben. Die Tagliatelle abgießen und zur Lachssauce geben. Den Meerrettich dazugeben, mit Zitronensaft und Petersilie verfeinern. In tiefen Tellern anrichten und servieren.

Für 4 Personen | ZUBEREITUNGSZEIT 20 Minuten | GARZEIT 20 Minuten
KÜHLZEIT 30 Minuten

LACHSFILET MIT WASABIKRUSTE

ZUTATEN

4 Scheiben Toastbrot
50 g Butter
1 Eigelb
2 EL Wasabipaste
Salz
frisch gemahlener schwarzer Pfeffer
4 Lachsfilets (à 200 g), ohne Haut
2 EL Olivenöl

ZUBEREITUNG

Das Toastbrot in der Küchenmaschine fein mahlen. In einer Schüssel die Butter glatt rühren, Eigelb, Wasabipaste und Toastbrösel zugeben, mit 2 Prisen Salz würzen und alles verrühren. Die Masse in einen Gefrierbeutel füllen, glattstreichen und im Gefrierfach mindestens 30 Minuten festwerden lassen.

Den Backofen auf 220 °C Grillfunktion vorheizen. Den Lachs kalt abbrausen, trockentupfen und salzen. In einer Pfanne das Olivenöl erhitzen und die Fischfilets darin von beiden Seiten braten. Die Filets auf ein Backblech legen. Die Kruste aus dem Gefrierfach nehmen, passend zur Größe der Fischfilets zurechtschneiden und die Folie abziehen. Die Kruste auf den Fisch legen und unter dem Backofengrill etwa 10 Minuten unter Sichtkontrolle überbacken.

Dazu passt Kartoffelpüree mit Olivenöl, Zitronenabrieb und Zitronensaft verfeinert.

Für 4 Personen | ZUBEREITUNGSZEIT 30 Minuten | GARZEIT 30 Minuten

GEMÜSETEMPURA MIT WASABICREME UND MISO-ZITRONEN-REIS

ZUTATEN

Für den Reis

250 g Basmatireis
2–3 EL helle Misopaste
½ unbehandelte Zitrone

Für den Tempura-Teig

1 Ei
100 g Weizenmehl Type 405
100 g Speisestärke (aus Weizen, Mais oder Reis) plus 2 EL extra
1 gestr. TL Kurkuma
1 gestr. TL edelsüßes Paprikapulver
2–3 Eiswürfel
2 Karotten
3 Frühlingszwiebeln
½ Aubergine
1 Paprikaschote

Für die Wasabicreme

1 TL mittelscharfer Senf
80–100 ml Speiseöl
1–2 EL Wasabipaste (mehr oder weniger nach Geschmack)
2 EL Mirin
2 TL Ahornsirup
1 TL Sojasauce

Außerdem

Salz
ca. 750 ml Speiseöl zum Frittieren

ZUBEREITUNG

Den Reis in einem Sieb waschen, abtropfen lassen und in einen Topf geben. 420 ml Wasser und 1/2 TL Salz zugeben und aufkochen. Den Reis bei niedriger Temperatur abgedeckt 10 Minuten leise köcheln lassen. Anschließend vom Herd nehmen und weitere 10 Minuten ausquellen lassen. Die Misopaste mit wenig Wasser cremig rühren und unter den Reis mengen. Die Zitrone heiß waschen, trockentupfen, die Schale abreiben und unter den Reis mischen.

Für den Tempurateig das Ei trennen und das Eigelb für die Mayonnaise beiseitestellen. Das Mehl mit Stärke, Eiweiß, 1 TL Salz, Kurkuma, Paprika, 180 ml kaltem Wasser und den Eiswürfeln glatt rühren. Das Gemüse waschen, putzen und in Streifen schneiden. Dann in eine Schüssel geben und mit 2 EL Speisestärke vermengen.

Für die Wasabicreme das Eigelb mit dem Senf und dem Saft der halben Zitrone in ein hohes Gefäß geben. Mit dem Stabmixer verquirlen. Dann langsam das Öl zugießen und weiter mixen, bis eine feste Mayonnaise entstanden ist. Die Mayonnaise mit Wasabi, Mirin, Ahornsirup, Sojasauce, sowie etwas Salz würzig abschmecken.

Kurz vor dem Servieren das Speiseöl in einem Topf erhitzen. Das Gemüse portionsweise durch den Tempurateig ziehen und im heißen Öl knusprig ausbacken. In einem Sieb oder auf Küchenpapier abtropfen lassen. Zum Anrichten den Reis in Schalen verteilen, das Gemüsetempura darauf geben und mit der Wasabicreme servieren.

SENF

Ein weiterer bekannter Vertreter der scharfen Gewürze ist Senf. Verantwortlich für seine Schärfe sind sogenannte Glucosinolate, natürliche Verbindungen in Senfsamen. In Kontakt mit Wasser entstehen daraus Senföle. Je nach Sorte und Verarbeitung entfalten die Samen eine faszinierende Bandbreite von Schärfe – von mild bis intensiv.

Für 4 Personen | ZUBEREITUNGSZEIT 30 Minuten | ZIEHZEIT über Nacht
GARZEIT 35 Minuten

KÄSETARTELETTS MIT APFEL UND SENFSAAT

ZUTATEN

Für die Äpfel

2 Äpfel
150 ml Apfelsaft
2 EL Honig
2 TL schwarze Senfsaat
1 Sternanis

Für den Teig

150 g Weizenmehl Type 405
75 g Butter
75 g Frischkäse
1 Eigelb
½ TL Salz

Für die Füllung

50 g Gruyère
250 g Sauerrahm
3 Eier
1 TL getrockneter Thymian
Salz
frisch gemahlener schwarzer
Pfeffer
2–3 Stängel Basilikum

ZUBEREITUNG

Die Äpfel waschen, schälen, entkernen und in dünne Spalten schneiden. In einem Topf den Apfelsaft mit Honig, Senfsaat, Sternanis und den Apfelspalten aufkochen und 5 Minuten bei mittlerer Hitze köcheln. Die Äpfel mit dem Sud umfüllen und über Nacht ziehen lassen.

Am nächsten Tag für den Teig das Mehl mit der Butter, dem Frischkäse, dem Eigelb und dem Salz rasch verkneten. Den Teig ausrollen, in vier Tartelettformen (etwa 10 cm ø) legen, gut andrücken und die Ränder abschneiden. Die Formen mit dem Teig kalt stellen und mit der Füllung fortfahren.

Den Backofen auf 200 °C Ober-/Unterhitze vorheizen. Den Gruyère in eine Schüssel reiben, Sauerrahm, Eier, Thymian und 2–3 Prisen Salz und Pfeffer zugeben und verrühren. Die Tartelettböden mit einer Gabel mehrmals einstechen und im heißen Backofen 10 Minuten vorbacken. Dann die Füllung darin verteilen und weitere 15 Minuten fertig backen.

Die Tarteletts anschließend abkühlen lassen und aus den Formen lösen. Die Apfelspalten aus dem Sud nehmen und auf den Tarteletts verteilen. Den Sud der Äpfel dickflüssig einkochen lassen und über die Tarteletts träufeln. Mit frisch gemahlenem schwarzen Pfeffer bestreut und einigen Basilikumblättern garniert servieren.

Für 4 Personen | ZUBEREITUNGSZEIT 30 Minuten | GARZEIT 20 Minuten

GEBACKENER KABELJAU MIT SENFSAUCE

ZUTATEN

Für die Sauce

1 Zwiebel
30 g Butter
25 g Weizenmehl Type 405
100 ml Weißwein
400 ml Fischfond
100 g süße Sahne
2-3 EL scharfer Senf
1 EL körniger Senf
Zucker
½ Zitrone
3 EL Schnittlauchröllchen

Für den Fisch

5 EL Weizenmehl Type 405
120 g Semmelbrösel
2 Eier
4 Kabeljaufilets (à 150 g), ohne Haut
150 ml neutrales Pflanzenöl
Salz

ZUBEREITUNG

Für die Sauce die Zwiebel abziehen und klein würfeln. In einem Topf die Butter zerlassen und die Zwiebel darin anschwitzen. Das Mehl zugeben und hell anschwitzen. Den Weißwein und den Fischfond unter stetem Rühren angießen und aufkochen. Bei mittlerer Hitze die Sauce 10 Minuten köcheln. Dann die Sahne zur Sauce geben, 2–3 Minuten köcheln und pürieren. Die Sauce mit beiden Senfsorten, Salz, Pfeffer, 1 Prise Zucker und einem Spritzer Zitronensaft würzig abschmecken. Abgedeckt beiseitestellen.

Für den Fisch das Mehl und die Semmelbrösel in zwei flache Gefäße füllen. Die Eier in eine dritte Schale geben und verquirlen. Den Fisch kalt abbrausen, trockentupfen und salzen. Dann in Mehl wenden, durch das Ei ziehen und in den Semmelbröseln panieren.

In einer Pfanne das Öl erhitzen und die Fischfilets darin goldbraun ausbacken. Den Fisch aus der Pfanne nehmen, abtropfen lassen und leicht salzen. Den gebackenen Kabeljau mit der Senfsauce anrichten, mit Schnittlauchröllchen bestreuen und servieren.

Für 4 Personen | ZUBEREITUNGSZEIT 20 Minuten | GARZEIT 25 Minuten

LINSENDAL MIT SENFÖL

ZUTATEN

2 Zwiebeln
2 Knoblauchzehen
1 Stück Ingwer (3 cm)
2 EL Kokosöl
1 TL gemahlene Kurkuma
1 TL gemahlener Koriander
1 TL Paprikapulver
½ TL Zimtpulver
400 g rote Linsen
200 g Kokosmilch
400 ml Gemüsebrühe
200 g passierte Tomaten
100 g Babyspinat
Salz
frisch gemahlener schwarzer Pfeffer
1 Limette
2 EL Senföl

ZUBEREITUNG

Die Zwiebeln und den Knoblauch abziehen, den Ingwer schälen und alles klein hacken.

In einem Topf das Kokosöl erhitzen, Zwiebeln, Knoblauch, Ingwer und die Gewürze darin bei mittlerer Hitze mehrere Minuten anschwitzen. Die Linsen in einem Sieb waschen und mit in den Topf geben. Ebenfalls anschwitzen, dann Kokosmilch, Brühe und passierte Tomaten angießen. Die Linsen etwa 15 Minuten köcheln, dabei gelegentlich umrühren.

Den Spinat waschen, abtropfen lassen und am Ende der Garzeit zu den Linsen geben. Unterrühren und 1–2 Minuten erhitzen. Das Dal mit Salz, Pfeffer, einem Spritzer Limettensaft abschmecken.

Zum Servieren in Schalen verteilen und mit dem Senföl beträufeln.

Für 2 Gläser à 250 ml | ZUBEREITUNGSZEIT 15 Minuten | ZIEHZEIT 1–2 Wochen

SELBSTGEMACHTER SENF À LA DIJON

ZUTATEN

200 ml Apfelessig
75 g brauner Zucker
½ TL Salz
250 g gelbe Senfsaat
50 g braune Senfsaat

ZUBEREITUNG

In einem Topf den Essig mit Zucker, Salz und 150 ml Wasser aufkochen. Beide Sorten Senfsaat im Mörser etwas zerkleinern. Dann in eine Schüssel füllen, mit dem heißen Essigsud aufgießen und abgedeckt über Nacht quellen lassen.

Die Mischung im Anschluss in sterilisierte Gläser füllen und mit Deckeln verschließen. Den Senf 1–2 Wochen reifen lassen – je länger er durchziehen kann, umso harmonischer wird sein Aroma. Den Senf im Kühlschrank aufbewahren. Er ist mindestens 1 Jahr haltbar.

REGISTER

Rezeptregister nach Kapiteln

Alphabetisches Rezeptregister

ÜBER DIE AUTORIN

Susann Kreihe entwickelt seit vielen Jahren mit Leidenschaft kreative und passgenaue Rezepte. Ihre Kreationen erscheinen regelmäßig in Kochbüchern und Zeitschriften verschiedener Verlage. Neben der Arbeit als Rezeptautorin ist die gelernte Köchin und Betriebswirtin für Hotellerie und Gastronomie auch als Ghostwriterin für bekannte Spitzenköche tätig. Ihre langjährige Erfahrung als Rezeptautorin und ausgebildete Köchin bringt sie auch in ihre Foodfotografie ein, wenn sie dafür die Gerichte mit Liebe zum Detail in Szene setzt. Auf *www.gerichte-werkstatt.de* schreibt sie über die schönen Seiten des Lebens: Kochen und Genießen.

IMPRESSUM

Produktmanagement: Johanna von Pechmann, Stefanie Gückstock
Redaktion: Dr. Gabriele Kalmbach
Korrektorat Lena Denu
Layout: Elke Mader
Umschlaggestaltung: Dominik Günzinger
Repro: LUDWIG:media
Herstellung: Julia Hegele
Printed in Türkiye by Elma Basim

Texte, Rezepte, Foodfotografie und -styling: Susann Kreihe

★★★★★

Sind Sie mit diesem Titel zufrieden? Dann würden wir uns über Ihre Weiterempfehlung freuen. Erzählen Sie es im Freundeskreis, berichten Sie Ihrem Buchhändler, oder bewerten Sie bei Onlinekauf. Und wenn Sie Kritik, Korrekturen, Aktualisierungen haben, freuen wir uns über Ihre Nachricht an Christian Verlag, Postfach 40 02 09, D-80702 München oder per E-Mail an lektorat@verlagshaus.de

Unser komplettes Programm finden Sie unter

www.christian-verlag.de

Bildnachweis: Alle Bilder des Innenteils stammen von Susann Kreihe mit Ausnahme von Seite 187: Melissa Engel.
Coverillustration: AdobeStock/Dgillustration12u
Coverhintergrund und Aufmacher: AdobeStock/elen31

Die Deutsche Nationalbibliothek verzeichnet diese Publikation in der Deutschen Nationalbibliografie; detaillierte bibliografische Daten sind im Internet über http://dnb.d-nb.de abrufbar.

Infanteriestraße 11a
80797 München

ISBN 978-3-95961-862-5

Ebenfalls erhältlich ...

ISBN 978-3-95961-821-2

ISBN 978-3-95961-820-5

ISBN 978-3-95961-818-2

ISBN 978-3-95961-817-5

CHRISTIAN

www.christian-verlag.de